Matthias Stiehler
»Partnerschaft geht anders«

HF215929

tredition

Matthias Stiehler

# Partnerschaft geht anders

Mit Paarberatung zu einem
guten Miteinander

Matthias Stiehler, »Partnerschaft geht anders«
© 2018 Matthias Stiehler
www.matthias-stiehler.de
Umschlaggestaltung: Andreas Tampe
Foto: Sabine Stiehler
Druck und Distribution: tredition GmbH,
An der Strusbek 10, 22926 Ahrensburg, Germany

ISBN 978-3-7469-6069-2 (Paperback)
ISBN 978-3-7469-6070-8 (Hardcover)
ISBN 978-3-7469-6071-5 (E-Book)

Bibliografische Information der Deutschen Nationalbibliothek: Die Deutsche Nationalbibliothek verzeichnet
diese Publikation in der Deutschen Nationalbibliografie;
detaillierte bibliografische Daten sind im Internet über
http://dnb.d-nb.de abrufbar.

Ich danke meiner Frau, Sabine Stiehler, für ihre Unterstützung beim Schreiben dieses Buches, für unsere Beratungsarbeit, die nicht nur anderen Paaren hilft, sondern auch unser Miteinander bereichert. Und ich danke ihr für mehr als dreißig gemeinsame Jahre.

# Inhalt

Wer weiß schon, wie Partnerschaft geht?     9
Unser Angebot     16

Paarberatung – je eher, desto besser     20

Es kann auch schon mal zu spät sein     20
Warten, bis es nicht mehr auszuhalten ist     24
Sich selbst ernstnehmen     28
Die eigene Verantwortung     32
Die schnelle Lösung     36

Gute Gründe, in eine Paarberatung zu gehen     39

Die gemeinsame Haltung     39
Wenn das Gemeinsame fehlt     43
Zusammenstehen, zusammengehen     46
Kreative Ideen     52
Kritische Lebensereignisse     55
Wenn sich die Träume (nicht) erfüllt haben     61
Die Zukunft in den Blick nehmen     64

Zwei Leben in einer Partnerschaft     69

Ich bin anders – du auch     69
Die eigene Logik     73
Noch einige Beispiele     78
Wenn Gefühle trügen     83
Paarberatung als Auslöser für eigene
Kindheitserinnerungen     86

Begrenzungen akzeptieren lernen 89

Wenn der andere nicht so kann, wie ich es mir
wünsche 89
Patchwork 95
Lebenserfahrung 100

Paarberatung als Trennungshilfe 105

Situationen, die eine Partnerschaft überfordern
können 110

Wer aus Schaden nicht klug wird 110
Wenn Affekte über Jahre konserviert werden 112
Jugendliebe 116
Seitensprünge 119

Gründe, die gegen eine Paarberatung sprechen 121

Eine Außenbeziehung 121
Wenn es nicht um die Partnerschaft geht 123
Wenn die eigenen Anteile nicht gesehen
werden 125
Es kann zu spät sein 126

Mit Paarberatung zu einem guten Miteinander 128

Was eine gute Partnerschaft ausmacht 128
Und wie Paarberatung dabei hilft 134

# Wer weiß schon, wie Partnerschaft geht?

Menschen sind eigenartig – insbesondere, wenn es um Partnerschaft geht. Die meisten wünschen sich eine leichte, innige und liebevolle Beziehung zu einem anderen Menschen. Es ist der Traum, der für viele das Leben erst lebenswert macht. Zugleich aber gibt es eine Scheu, sich wirklich mit dem zu befassen, was Partnerschaft ausmacht und was realistisch umsetzbar ist. Vielleicht besteht ja die Befürchtung, eine zu ernste Beschäftigung mit den eigenen Träumen und Vorstellungen könnte viele Illusionen zutage fördern, von denen ungern gelassen wird.

Ist Ihnen eigentlich schon einmal aufgefallen, dass in den Medien, aber auch in Alltagsgesprächen häufig von ›Pärchen‹ und nicht von ›Paaren‹ gesprochen wird? Ich habe in den vergangenen Jahren viele Menschen, die von ›Pärchen‹ sprachen, gefragt, was diese Verniedlichung bedeutet. Eine schlüssige Antwort konnte mir niemand geben. Häufig bekam ich zu hören, dass mit ›Pärchen‹ eine Zweierbeziehung gemeint ist, die noch am Anfang steht. Aber wenn man darauf achtet, merkt man schnell, dass dieser Begriff auch für ältere Paare verwendet wird. Meine Vermutung geht daher in eine andere Richtung: Der Begriff ›Paar‹ wird als zu ernst empfunden. Wenn jemand sagt: »Schau mal dieses Paar an.«, dann klingt das ganz anders, als wenn er sagt: »Schau mal dieses Pärchen an.« Es ist so, als würde der Ernsthaftigkeit die Spitze abgebrochen werden.

Ich glaube, dass sich hinter dieser verbreiteten Sprachweise die Scheu verbirgt, sich ernsthaft und vor allem nüchtern mit Partnerschaft zu befassen. Nach meinen langjährigen Erfahrungen als Paarberater aber wäre das wichtig und notwendig, um zu einem guten Miteinander zu gelangen. Dazu kann beispielsweise Paarberatung helfen. Und deswegen klingt es absurd, wenn von ›Pärchenberatung‹ gesprochen würde.

Wenn ich Sie mit diesem Buch auf eine Reise durch Partnerschaftsthemen mitnehme, dann möchte ich Sie daher gleich zu Beginn warnen: Es geht vielen verbreiteten Illusionen an den Kragen. Deswegen auch der Titel »Partnerschaft geht anders«. Er beinhaltet das Versprechen, dass von einigen lieb gewordenen Vorstellungen Abschied genommen wird. Das kann in der Tat manchmal unangenehm sein.

Sehr häufig besteht die Hoffnung, dass eine Partnerschaft einfach so gelingen möge. Das ist auch irgendwie zu verstehen: »Wir lieben uns doch!«, wird besonders in der ersten Zeit gesagt. »Was soll da nicht funktionieren? Da lassen wir uns nicht von kleinen Unstimmigkeiten aus der Bahn werfen.« Unterschiedliche Ansichten in manchen Alltagsthemen werden zurecht als normal empfunden, die keinesfalls die Partnerschaft infrage stellen. Solange beide im Miteinander bleiben und sich die meiste Zeit übereinander freuen, sollte das auch wirklich kein Problem sein.

Doch dann gewöhnen sich die Partner aneinander. Selbst das ist erst einmal nicht schlecht. Denn es ist schön, wenn sich ein Paar in guter Selbstverständlichkeit begegnet, sich das Leben erleichtert, lustvollen Sex hat und füreinander da ist. Aber die Selbstverständlichkeit führt allzu häufig dazu, den anderen aus dem Blick zu verlieren. Es wird dann nicht mehr – wie vielleicht anfangs – gestaunt, dass einem ein anderer Mensch so nah ist und einen auch noch gut und liebenswert findet. Der andere fällt vielmehr gerade dann auf, wenn er etwas tut, was stört oder gar ärgert. An viele Absprachen und Alltagsgewohnheiten, die Hilfe sind und füreinander geschehen, hat man sich dagegen gewöhnt und sie werden kaum noch wahrgenommen oder zumindest als normal angesehen. Und – um gleich einem Klischee vorzubeugen – es sind keinesfalls nur die Männer, die solch eine Ignoranz üben. Es sind Frauen, die sich ihrerseits jedoch häufiger über diesen Zustand beschweren.

Die Selbstverständlichkeit des anderen in der Partnerschaft ist einer der beiden Gründe, warum die anfänglich so positive Grundstimmung des Paares allmählich ins Gleichgültige und dann vielleicht sogar ins Negative kippt. Der zweite Grund liegt in den vielen kleinen Erlebnissen, die von einem oder beiden Partnern als negativ empfunden werden und die peu á peu das Gefühl des Miteinanders auflösen.

Solche Erlebnisse sind wie kleine Kieselsteine, die für sich genommen kaum der Rede wert sind. Aber sie lagern sich auf dem Grund der Partnerschaft ab und sammeln sich an. Allmählich wächst ein steiniger Haufen, der zunehmend das Miteinander beschwert. Die einzelnen Ereignisse an sich sind nicht das Problem, sondern es ist vielmehr die Tatsache, dass sie nicht rechtzeitig entsorgt werden. Wie oft kommen Paare zu uns in die Paarberatung und schildern Probleme, die für sich genommen lächerlich sind oder die sich doch zumindest schnell ausräumen lassen sollten. Doch das ist für sie meist nicht so einfach. Sie machen geltend, dass mit der Lösung des einen Problems nichts gewonnen sei. Es haben sich zu viele derartige Probleme angehäuft. Und das eine Problem wurde nicht deswegen geschildert, damit es gelöst wird, sondern um uns als Paarberatern zu verdeutlichen, wie sehr die Partnerschaft bereits gelitten hat. Es steht für die Gesamtheit der Schwierigkeiten.

Das Sammeln der Kieselsteine erschwert das gute Miteinander und macht letztlich eine Umkehr dieses Prozesses umso komplizierter, je mehr kleine Steine sich angehäuft haben und je mehr Zeit vergangen ist. Es ginge also darum, diesen Prozess gar nicht erst so weit kommen zu lassen. Und dafür hat jedes Paar eigentlich alle Möglichkeiten. Der gute Beginn, der von liebevollem Miteinander geprägt ist, ist eine hervorragende Voraussetzung, es nicht so weit kommen zu lassen, dass die an sich unbedeutenden Schwierigkeiten und problematischen Erlebnisse belastend werden. Aber dafür muss aktiv etwas gegen die zunehmende Gleichgültigkeit dem anderen gegenüber und gegen das Anhäufen der Kieselsteine getan werden. Doch hier kommt eine Tatsache zum Tragen, die selbst in unserer modernen und aufgeklärten Zeit die Gestaltung einer Partnerschaft deutlich erschwert: Es gibt kaum gute Vorbilder.

Heutzutage haben sich viele selbstverständliche Sichtweisen über Partnerschaft aus früheren Zeiten aufgelöst. Immer weniger wird stillschweigend hingenommen, wenn es nicht gut läuft. Scheidungen sind möglich, schnelle Trennungen sowieso. Es wird ein Recht auf Liebe eingeklagt – natürlich nicht gerichtlich, aber dennoch als konkrete Anforderung an das Leben. Die Sehnsucht nach einer glücklichen Beziehung ist größer denn je. Zugleich aber stellen viele Menschen fest, dass die meisten Beziehungen gar nicht so glücklich sind. Diese Beobachtung betrifft dann auch nicht nur die eigenen Versuche, sondern ebenso das, was im näheren Umfeld beobachtet wird.

Viele machen diese Erfahrungen bereits als Kinder bei ihren Eltern. In der Folge wollen sie es dann selbst natürlich besser machen. Aber wie soll das gehen, wenn man nur eine Negativfolie kennengelernt hat? Also wird mehr oder weniger bewusst umhergeschaut – zunächst bei den Eltern von Freunden, dann im Freundes- und Bekanntenkreis. Die meisten Menschen, die ich dazu frage, können mir schon das eine oder andere Paar nennen, das sie kennengelernt haben und das ihrer Meinung nach glücklich miteinander ist. Ich vermute zwar, dass dieser Eindruck oft täuscht. Es handelt sich manchmal mehr um den Wunsch des Betrachters als um die Realität. Kennen Sie auch die Äußerung über ein Paar, das sich getrennt hat: »Bei denen hätte ich das nicht gedacht.«? Doch natürlich gibt es glückliche Paare und jeder wird ihnen auch ab und an begegnen. Aber dann fehlt immer noch eine wichtige Information: Wie haben die das hinbekommen?

Die Vorstellung, dass das einfach so geht, ist unrealistisch. Mag sein, dass manche Menschen bessere Voraussetzungen für eine gute Beziehung mitbekommen haben als andere. Aber schon das zeigt, dass eine Beobachtung bei anderen nicht einfach so kopiert werden kann. Jeder muss seine eigenen Möglichkeiten und Begrenzungen in Betracht ziehen. Und dann sprechen alle meine Erfahrungen gegen die Hoffnung, ›es könne einfach so gelingen‹. Es mag nicht besonders romantisch klingen, aber eine glückliche Beziehung muss erarbeitet und immer wieder hergestellt werden. Wer demnach ein zufriedenes Paar sieht, sollte es zumindest fragen, wie es das erreicht hat und wie die Beteiligten mit den immer wieder auftauchenden Problemen umgehen. Wenn das Paar ehrlich und vor allem wirklich glücklich ist, wird es als erstes sagen, dass sein

Glück nicht von Dauer ist. Es besteht bestenfalls in einem grundsätzlichen Wohlwollen, aus dem heraus liebevolle Momente entwickelt werden können. Eine glückliche Beziehung *hat* man nicht.

Wenn man also mit so einem Paar spricht, dann wird man keine Rezepte bekommen, die einfach so umgesetzt werden können. Vielmehr sind es bestenfalls Anregungen, die aber immer wieder mit den eigenen Möglichkeiten und dem eigenen Wollen abgeglichen werden müssen.

Paarberatung in diesem Sinne ist also keinesfalls nur professionelle Hilfe. Schon gar nicht ist sie der ›letzte Versuch‹, eine Partnerschaft zu retten, wenn sie eigentlich kaum noch zu retten ist. Paarberatung ist nach meinem Verständnis das Bemühen, die Möglichkeit positiver Partnerschaftsentwicklung aufzuzeigen und zu unterstützen. Sie sollte ein Bild malen, das den Hilfesuchenden Orientierung auf ihrem Weg gibt. Sie wäre damit im besten Sinne ›Vorbild‹.

Aus diesem Verständnis ergibt sich jedoch sofort ein Anspruch an diejenigen, die Paarberatung anbieten, egal ob professionell oder nicht: Sie können nur ein Bild aufzeigen, das sie selbst erlebt, erarbeitet und erlitten haben. Das ist übrigens auch der Grund, warum Filme und Fernsehserien kaum als Vorbild taugen. Sie verkünden vielleicht wichtige Wahrheiten. Sie sind jedoch nicht durch das reale Leben gesättigt. Dadurch können sie keine nachhaltige Wirkung entfalten – wenn es ihnen nicht ohnehin nur darum geht, mit dem Wecken von Sehnsüchten die Verkaufszahlen zu steigern.

Die Notwendigkeit von Paarberatung wird häufig als Niederlage empfunden. Das Ideal des Anfangs, man wisse schon, wie eine Partnerschaft hinzubekommen ist, wirkt auch dann noch. Viele fühlen sich bei Schwierigkeiten in der Partnerschaft als Versager und scheuen sich, dies auch noch anderen gegenüber zuzugeben. Dabei wird übersehen, dass es niemanden gibt, der ›es einfach so hinbekommt‹, auch nicht der oder die Paarberater selbst. Ein guter Paarberater ist jemand, der sich mit seinen eigenen Beziehungsproblemen auseinandergesetzt hat und das weiterhin tut. Hilfe ist nur dann möglich, wenn sowohl die Berater als auch die Ratsuchenden wissen, dass es ganz normal ist, Hilfe zu brauchen. Denn es fehlt in unserer Zeit an einem selbstverständlichen Wissen, wie Partnerschaft funktioniert.

Eigentlich ist das bereits ein Plädoyer für die Inanspruchnahme von Paarberatung gleich zu Beginn einer Partnerschaft – etwa im Sinne einer Partnerschaftsschule. Das wäre wirklich das Beste. Denn dann besteht die Aufgabe nicht darin, etwas wieder hinzubiegen, was bereits schlecht läuft. Es wäre vielmehr die Chance, gleich mit einer guten Vision und vor allem klaren Vorstellungen, wie diese umgesetzt werden können, das Projekt Partnerschaft zu beginnen. Aber solche Ideen sind meist illusorisch. Vermutlich muss man erst einmal mit den eigenen Ansprüchen ein wenig ins Straucheln geraten, ehe die Hürde genommen werden kann, andere um Hilfe zu bitten. Aber wenn das einige Zeit vor dem endgültigen Scheitern geschieht, wäre schon einiges gewonnen. Vielleicht nicht jeder Tag, aber zumindest jeder Monat, den man früher kommt, zählt.

Dieses Buch soll also zweierlei zeigen. Erstens: Eine Paarberatung in Anspruch zu nehmen ist normal und eigentlich immer besser, als dies nicht zu tun. Martin Luther sagte einmal: »Darum sind die allein unwürdig, die ihre Gebrechen nicht fühlen noch wollen Sünder sein.« Auf das Thema Partnerschaft bezogen heißt das, dass diejenigen Paare, die sich ihre Schwierigkeiten zugeben, näher an der Möglichkeit einer guten Partnerschaft sind, als diejenigen, die so tun, als wäre alles leicht und problemlos.

Und zweitens: Warten Sie nicht zu lange. Je eher Sie den Schritt gehen, an Ihrer Partnerschaft zu arbeiten, desto leichter wird es, das Notwendige zu tun. Sammeln Sie nicht erst zu viele Kieselsteine an!

## Unser Angebot

Seit 2001 biete ich gemeinsam mit meiner Frau Paarberatungen an. Zwei Punkte machen die Besonderheit unseres Angebots aus. Zum einen leiten wir in unseren Hauptberufen Beratungsstellen, meine Frau im Studentenwerk und ich im Gesundheitsamt Dresden. Unsere gemeinsamen Paarberatungen sind daher ein nebenberufliches Angebot innerhalb des »Dresdner Instituts für Erwachsenenbildung und Gesundheitswissenschaft e.V.«. Das bedeutet, dass wir mit unserem Angebot nicht unseren Lebensunterhalt verdienen müssen und somit auch nicht darauf angewiesen sind, die zu uns kommenden Paare länger als notwendig in der Beratung zu halten. Diese Situation der Freiheit wird dadurch begünstigt, dass die Anfragen unsere Kapazitäten bei weitem übersteigen.

Der zweite Punkt ist noch wichtiger: Wir bieten die Paarberatungen als Paar an. Es sitzen also nicht nur auf der einen Seite des Beratungssettings zwei Menschen, die sich mit ihren Problemen offenbaren. Auch die helfende Instanz ist ein Paar, das beim Beraten für die Ratsuchenden transparent wird.

Die Vorteile dieser Konstellation sind vielfältig. Zum einen begegnen wir bei hilfesuchenden Paaren häufig dem Misstrauen, die Beraterin oder der Berater könnte parteiisch sein. Insbesondere, wenn ein Partner die Beratung unbedingt möchte und der andere eher zurückhaltend ist, ist dieses Misstrauen gegeben. Es gründet sich zwar auf keine direkte Erfahrung mit dem Berater. Nichtsdestotrotz kann es den Einstieg in die Beratung erschweren. Unser Angebot als geschlechtsheterogenes Paar mildert dieses Misstrauen.

Darüber hinaus eröffnen wir – da wir nicht nur ein beratendes, sondern ein Alltagspaar sind – schon allein durch unser Angebot die Vision, Partnerschaft kann funktionieren. Eine Vision, die für Paare unter Leidensdruck sehr wichtig ist. Immerhin sind wir seit mehr als dreißig Jahren verheiratet, haben erwachsene Kinder und mittlerweile auch schon drei Enkel. Die zu uns kommenden Paare schauen gerade am Anfang sehr genau hin, ob wir das gute Miteinander auch verkörpern.

Als weiterer Punkt ist die Geschlechtsspezifik beim Beraten selbst zu nennen. Bei bestimmten Themen, zum Beispiel Sexualität, ist es nach unseren Erfahrungen nicht egal, ob die Fragen und Kommentare von meiner Frau oder mir kommen. Schnell treten Vorurteile auf, etwa »Frauen halten ohnehin zusammen« oder »Männer sind sich da natürlich einig«, denen wir durch unsere geschlechtsspezifische Intervention entgegentreten können. Außerdem haben wir die Möglichkeit, Rückmeldungen zu geben, wie die Frau auf die Beraterin als Frau oder auf den Berater als Mann wirkt. Gleiches gilt für den beratenen Mann. Das eröffnet eine größere Beziehungsvielfalt und damit ein differenzierteres Reflektieren im Beratungsprozess.

Und schließlich ist es auch für uns schöner, gemeinsam zu beraten. Es ist leichter, freudvoller und hilft zudem bei der anschließenden Auswertung des Beratungsprozesses.

Hier aber zeigt sich auch die Anforderung an uns als Paarberater. Im Alltag ist vermutlich jedes Paar geneigt, die eine oder andere problematische Situation zu überspielen und sich nicht damit auseinanderzusetzen. Das können wir uns deutlich weniger leisten. Denn wir nehmen unsere eigene Situation mit in die Beratung. Das hilfesuchende Paar ist darauf angewiesen, dass wir die Auseinandersetzung, die wir von ihm erwarten, selbst leisten. Sonst kann der Prozess nicht funktionieren. Das aber setzt voraus, dass wir uns den eigenen Schwierigkeiten stellen und auch unser Miteinander als Paar in der Beratung betrachten – und zwar beständig und über Jahre.

Diese Anforderung an ein beratendes Paar ist vermutlich der Grund, warum es so selten Alltagspaare gibt, die gemeinsam Paarberatung anbieten. Auf der anderen Seite aber hilft damit auch die gemeinsame Arbeit, unsere Partnerschaft lebendig zu halten.

Paarberatung ist keine Kassenleistung. Das bedeutet, dass die Paare die Beratung selbst zahlen müssen. Um die daraus entstehende Hürde ein wenig abzumildern, denn immerhin wenden sie sich an unbekannte Menschen, bieten wir zunächst einen kostenfreien Kennenlerntermin an. Er bietet die Möglichkeit, dass das ratsuchende Paar uns kennenlernt, aber auch wir uns deren Situation und Motivation anschauen können. Dieser Termin dient damit der Entscheidungsfindung auf beiden Seiten.

Über den Kennenlerntermin bekommen wir eine gute Schilderung von dem, was die Paare zu uns führt. Die große Zahl, die wir über die Jahre so kennengelernt haben, ermöglicht uns nun, auf einen reichhaltigen Fundus von Themen und Motiven zu blicken, die Paare in die Paarberatung führen. Dieser Fundus bildet die Grundlage für die weiteren Schilderungen in diesem Buch. Ich möchte aufzeigen, welche Paare in welchen Situationen zu uns kommen und wie sie auf eine Besserung ihrer Situation hoffen. Ziel ist es, Ihnen als Leser die Breite der Anliegen, Chancen, aber auch der Schwierigkeiten darzustellen.

Bewusst greife ich auf die Kennenlerntermine und nur selten auf die Aufzeichnungen des gesamten Beratungsprozesses zurück. Mir geht es stärker um die Ausgangssituation und die sich daraus ergebenden Hoffnungen, aber auch Probleme für die weitere Entwicklung. Es geht um den ersten, den entscheidenden Schritt. Ich möchte mich damit auch gegen die Vorstellung wenden, ›die Berater werden es schon machen‹. Es ist das ratsuchende Paar, das eine Veränderung des eigenen Lebens anstreben muss. Und das fängt mit der eigenen Entscheidung an.

Alle im Folgenden aufgeführten Beispiele sind real, wenn auch manche Daten geändert wurden, um die Anonymität der Ratsuchenden zu schützen. Wer Ähnlichkeiten mit ihm bekannten Paaren entdeckt, sollte daher nicht annehmen, dass diese bei uns in der Paarberatung waren. So konkret die Beispiele sind, so sehr geben sie doch die Situation vieler Partnerschaften wieder. Um es mit einem abgewandelten Bonmot von Heinrich Böll zu sagen: Ähnlichkeiten mit Ihnen als Paar oder mit Paaren, die Sie kennen, sind weder beabsichtigt noch zufällig, sondern unvermeidbar.

# Paarberatung – je eher, desto besser

## Es kann auch schon mal zu spät sein

Es gibt – was nicht überrascht – zahlreiche Gründe, eine Paarberatung aufzusuchen. Aber bei genauerer Betrachtung sind es dann doch nicht so viele. Bei aller Unterschiedlichkeit, die sich auf die konkrete Situation des Paares zurückführen lässt, können wir einige Prinzipien entdecken und in Gruppen ordnen. Zunächst ist da natürlich die allgemeine Unzufriedenheit mit der Partnerschaft, dann auch die Unsicherheit gegenüber einer neuen Situation. Manchmal wird Paarberatung aber auch als letzter Versuch angesehen, etwas zu retten, was längst nicht mehr zu retten ist.

*Es kommt ein älteres Paar in die Paarberatung, das gerade seine Silberhochzeit hatte. Der Mann ist Rentner, die Frau war während der ganzen Ehe zu Hause. Sie hatte ihre Arbeit kurz nach der Wende verloren und anschließend erst einmal keine Möglichkeit, in ihrem Beruf weiterzuarbeiten. Sie war damals Mitte Dreißig. Der Mann, zehn Jahre älter als sie und ursprünglich aus Hessen, war als Geschäftsführer einer Firma tätig. Mitten in der Wendezeit hatten sie sich kennengelernt, als der Mann nach Dresden kam. Sie gründeten eine Familie mit dem Agreement, dass sie sich um die Familie kümmert und er sich um das Geld. Das war für ihn bequem, aber auch für sie, da sie sich nicht um eine neue Tätigkeit bemühen musste. Sie nutzten die Chance, die sich ihnen beiden durch ihre Partnerschaft bot.*

*Nun arbeitet auch der Mann nicht mehr, die Kinder sind aus dem Haus und zugleich sind die Finanzen bestens geregelt. Eigentlich könnten sie – so die geläufige Sicht von außen – ihr sorgenfreies Leben genießen. Schwierig wird die Situation jedoch, weil der Mann zunehmend gebrechlich wird. Bei ihm wurde eine chronische Erkrankung festgestellt, die ihn zunehmend beim Gehen behindert. Er hat Schmerzen und muss sich mit einer Situation auseinandersetzen, die völlig neu für ihn ist. Er als Macher hat plötzlich nicht mehr alles in der Hand. Es ist abzusehen, dass er immer mehr auf Hilfe angewiesen sein wird, was ihn missmutig macht. Missmutig ist aber auch seine Frau. Denn so hatte sie sich das nicht vorgestellt. Sie möchte sich nicht schon wieder um einen anderen kümmern müssen und die eigenen Bedürfnisse zurückstellen. Und dass der Mann nicht mehr so wie bisher Halt geben kann, stört sie auch. Beide giften sich an und machen sich das Miteinander schwer.*

Dieses Beispiel spricht gleich mehrere wichtige Partnerschaftsthemen an. Da ist zum einen die Frage der Lebensentscheidungen. Das Arrangement der beiden in den ersten Jahren ihrer Partnerschaft mag für sie bequem gewesen sein und einem Paar, das so eine Entscheidung trifft, möchte man auch nicht gern hineinreden. Die Situation, wie sie sich nun – nach vielen Jahren – in der Paarberatung darstellt, zeigt jedoch, dass die damalige Entscheidung zu kurz gegriffen hat. Das Bequeme daran war die Verführung, mögliche Konsequenzen nicht zu bedenken. Nun ist die Frau verbittert, dass sie sich mit Anfang Sechzig zunehmend um einen gebrechlichen Mann kümmern muss. Als sie uns die Situation schildert, macht sie ihm immer wieder zum Vorwurf, »dass er sich gehen lässt«. Zugleich beklagt sie sich, dass sie keine Wahl hat, ihre Situation zu ändern.

Bei den Schilderungen der beiden wird zudem deutlich, dass sie gar nicht richtig im Miteinander sind und es vermutlich nie wirklich waren. Das bequeme Arrangement mit einer klar getrennten Aufgabenteilung führte bei ihnen offensichtlich dazu, dass sie mehr nebeneinander als miteinander lebten. Das fiel nicht auf, solange der Mann sich um die Firma und die Frau sich um die Kinder kümmern musste. Aber nun, da diese haltgebenden Instanzen weggefallen sind, tritt die Unverbundenheit der beiden hervor.

An dieser Stelle ist eine Bemerkung wichtig: In unserer Gesellschaft haben wir uns bei der Betrachtung von Beziehungen angewöhnt, vor allem auf die ›harten Fakten‹ zu schauen. Wir könnten bei diesem Paar daher schnell zu der Meinung gelangen, das Problem läge daran, dass die beiden eine traditionelle Rollenverteilung lebten: Der Mann geht arbeiten und die Frau regelt den Haushalt. Das kann richtig sein, muss es aber nicht. Ihr Agreement könnte durchaus funktionieren. Vielleicht ist es für manche Paare der beste Weg, miteinander auszukommen. Dieses Zusammenspiel könnte sich auch in der sich verändernden Situation fortsetzen und beide zufrieden sein lassen. Wer möchte darüber richten? Problematisch wird es in diesem Beispiel allein durch die innere Verfasstheit des Paares, durch ihre Unverbundenheit. Die Gefahr für uns als Berater könnte demnach darin bestehen, aus so einem Beispiel ein Handlungsgesetz abzuleiten, das dann auch für andere Paare gelten soll, etwa eine andere Aufgabenverteilung schon zu Beginn. Das aber wäre zu kurz gedacht. Die Begleitung von Paaren – gerade auch in Entscheidungssituationen – braucht die Offenheit für das konkrete Paar, das den Beratern gegenübersitzt. Bei diesem hier war die Lage jedoch klar. Wir blicken auf eine Partnerschaftsgeschichte zurück, die uns zeigt, dass das anfängliche Agreement nun nicht mehr trägt.

Und damit kommen wir zum zentralen Thema, das diese Paarkonstellation verdeutlicht. Es ist sehr wichtig, rechtzeitig Hilfe in Anspruch zu nehmen! Natürlich ist zu verstehen, dass das Paar damals, also vor fünfundzwanzig Jahren, nie an eine Paarberatung gedacht hat. Ihre Wahl fühlte sich zu Beginn ihrer Beziehung für beide einfach nur richtig an. Aber ab und an sollte man eben auch Entscheidungen gerade dann ein wenig misstrauen, wenn sie sich richtig anfühlen! Das gilt insbesondere für große, grundsätzliche Entschlüsse, die Jahre in die Zukunft weisen und sich nicht einfach korrigieren lassen. Dann ist es immer gut, das eigene Denken und Handeln mit der Hilfe anderer zu überprüfen – egal ob man Zweifel hat oder sich sicher zu sein scheint. Das Gespräch mit Menschen, die erfahren genug und in die Entscheidung sonst nicht involviert sind, ist sinnvoll und wichtig, um den eigenen Weg zu überprüfen.

Das hat das Paar in unserem Beispiel nicht getan und jetzt – viele Jahre später – macht sich bei beiden Resignation breit. Wie sollen sie den Schalter noch einmal umlegen? Dabei besteht das eigentliche Problem nicht in der Situation an sich, sondern dass sie sich als Paar verloren haben oder vielleicht nie gefunden hatten.

Selbstverständlich hat das auch etwas mit ihrer jeweiligen Persönlichkeit zu tun, also mit dem, was die beiden

Seelen jeweils in die Partnerschaft mitgebracht hatten. Auch darauf werde ich auf den nächsten Seiten noch zurückkommen. An dieser Stelle aber zeigt sich für dieses Paar ein Dilemma: Was können sie jetzt real noch tun? Sollten sie sich trennen oder sich irgendwie zusammenraufen, um den gemeinsamen Lebensabend noch ein wenig erträglich zu gestalten? Als Paarberater kann man natürlich die eine oder andere Idee entwickeln. Aber wozu sind die beiden bereit? Was ist ihnen möglich?

## Warten, bis es nicht mehr auszuhalten ist

Der richtige Zeitpunkt, eine Paarberatung in Anspruch zu nehmen, ist entscheidend. Das kann nach meiner Erfahrung nicht früh genug sein. Aber – ich sprach es bereits an – das ist oftmals eine Illusion, so lange es keinen großen Leidensdruck gibt. Wer gesteht sich schon ohne Not ein, bei einem Thema wie Partnerschaft etwas nicht richtig zu wissen oder zu können. Umso wichtiger ist es, aufkommende Schwierigkeiten rechtzeitig zu sehen und sie sich einzugestehen. Verdrängung tut niemals gut.

*Das Paar ist acht Jahre zusammen. Nach einem Jahr haben sie geheiratet. Das erste Kind wurde vor vier Jahren geboren, das zweite ist jetzt zwei Jahre alt. Sie haben die Paarberatung aufgesucht, weil sie sich regelmäßig streiten. Sie leben »in einem Zustand permanenter Anspannung«. Auf unsere Frage, seit wann die Probleme aufgetaucht sind, sagen sie, dass sie eigentlich schon immer bestehen. Aber erst mit der Geburt der Kinder und der damit zusammenhängenden Belastung seien sie ein Problem für die Partnerschaft geworden. Die Frau macht dem Mann seine Unzuverlässigkeit zum Vorwurf, während der Mann sich über das permanente Gemeckere der Frau beschwert. Er ist enttäuscht von der Beziehung, weil seine Art für sie zuvor doch nie ein Problem war und er sich nun nicht mehr geliebt fühlt. Die Frau wiederum sieht in ihm oft keine Hilfe. Das bringt sie dazu, über eine Trennung nachzudenken.*

Dieses Beispiel ist typisch. Es muss sich erst eine Situation entwickeln, die nicht mehr auszuhalten ist. Worüber in der ersten Zeit einer Partnerschaft zunächst noch gern hinweggeschaut wird, wird dann zum Problem, wenn die Belastungen steigen. Das kann beim Zusammenziehen geschehen oder bei außergewöhnlichen beruflichen Anforderungen. Regelmäßig ist das bei der Geburt von Kindern der Fall. Eine Familie stellt andere Ansprüche als eine Zweierbeziehung und zwei und mehr Kinder fordern die Eltern stärker als eins. Es gibt kaum jemanden, der bei Betreuung und Versorgung von Kindern nicht auch immer mal an seine Grenzen gerät. Das aber stellt die Partnerschaft vor neue, vielleicht auch ehrlichere Herausforderungen. Wenn Probleme zuvor vielleicht noch überspielt werden konnten, geht das unter der stärkeren Belastung kaum noch.

Zugleich verändert sich mit der Entstehung einer Familie die Verbindlichkeit des Zusammenseins. Wenn zuvor die Spannungen zwischen beiden Partnern zu groß wurden, ist die Entscheidung zur Trennung schneller getroffen. Vermutlich hätte die Frau in diesem Beispiel recht schnell die Reißleine gezogen und nicht noch eine Paarberatung gewollt. Mit Kindern fällt dieser Schritt – Gott sei Dank – nicht so leicht. Es ist der Verantwortung der Elternschaft geschuldet, nicht so schnell aufzugeben. Mit Blick auf die Partnerschaft ist eine schnelle Trennung jedoch auch ohne Kinder nicht unbedingt zielführend. Beide könnten damit der eigenen Entwicklungsmöglichkeit aus dem Weg gehen. Erst die Auseinandersetzung in und für die Partnerschaft ermöglicht es, im Miteinander zu wachsen. Insofern kann das Verlassen der anfänglichen Komfortzone durchaus eine Chance sein. Sie muss jedoch ergriffen werden.

Bei dem hier geschilderten Paar fällt auf, dass jeder am jeweils anderen verzweifelt. Die Frau beschwert sich über die Unzuverlässigkeit des Mannes. Den Mann wiederum nervt das Gemeckere der Frau. Es ist eine häufige Konstellation in der Paarberatung, dass jeder zunächst vor allem die Fehler des anderen sieht. Es sind ja immer auch die Fehler des anderen, die die eigene Behaglichkeit stören.

Wenn Paare zu uns in die Paarberatung kommen, wünschen sie sich häufig die Anfangszeit zurück. Damals sei alles noch gut gewesen. Man habe nicht so viel gestritten, dafür aber öfter Sex gehabt. Man fühlte sich geliebt und war auch bereit, den anderen zu lieben. Jetzt aber gibt es mehr Streit, mehr Konkurrenz, mehr Gleichgültigkeit und weniger Sex. Was aber ist es, dass es dem Paar nicht möglich ist, wieder zu dieser Anfangssituation zurückzukehren? Wenn es für beide so schön war, dann wäre doch nichts besser und einfacher, als das wieder auferstehen zu lassen.

Die Paare geben zumeist gleich selbst die Antwort auf diese Frage. »Wir haben damals die Probleme noch nicht gesehen oder sehen wollen. Sie waren aber eigentlich schon da.«, sagen sie. Nur dass sie am Anfang nicht als Problem wahrgenommen wurden, schon gar nicht als eines, dass die

Partnerschaft gefährdet. Die Unzuverlässigkeit des Mannes in unserem Beispiel bestand von Beginn an. Sie war für die Frau nur nicht so wichtig. Seine Fahrigkeit war vielleicht sogar ›süß‹. Und ihr Meckern wurde am Anfang mehr als Liebenswürdigkeit gesehen, als Zeichen ihres Interesses. Ein Grund, sich von ihr nicht geliebt zu fühlen, war es jedenfalls nicht. Dennoch hätten beide gewarnt sein können.

Eine freundliche, aber eben auch ehrliche Sicht auf den anderen ist der richtige Ansatzpunkt für eine frühzeitige Auseinandersetzung mit dem Partnerschaftsleben. Es gibt keinen Menschen auf dieser Welt, der keine Fehler hat. Wem es also so scheint, als habe er einen vollkommenen Menschen gefunden, der sollte noch einmal genauer hinschauen. Da ist *immer* die Sehnsucht die Mutter der Empfindung. Und diese Sehnsucht schlägt dann unbarmherzig zurück, wenn sie enttäuscht wird. Die Fehler, die man zunächst nicht sehen wollte, werden schnell zu unüberwindbaren Hindernissen auf dem weiteren gemeinsamen Weg.

Es ist wichtig, den anderen von Beginn an auch in seinen Eigenheiten ernst zu nehmen. Wenn sie zunächst nicht als ein großes Problem gesehen werden, ist das ja genau die Chance, darüber ins Gespräch zu kommen und ein Verständnis dafür zu entwickeln. Später werden sie immer störender und das Empfinden des Partners nimmt zu, dass sie gegen ihn gerichtet sind. Daraus entwickelt sich häufig ein Kampf um das eigene Behauptenmüssen. Das kann verhindert oder zumindest abgemildert werden, wenn man sich den Partner gleich zu Beginn der Partnerschaft genau anschaut und – natürlich wohlwollend – prüft, was für Macken er hat und wie sich das auf das zukünftige Miteinander auswirken kann.

*Ein junges Paar kommt zu uns in die Paarberatung. Es hat noch keine Kinder, aber die Frau ist schwanger. Als Grund für ihr Kommen sagen beide, dass sie sich richtig gernhaben und auch auf das gemeinsame Kind freuen. Aber sie merken auch, dass sie sich manchmal wegen eigentlich nichtiger Anlässe streiten. Der Streit ist nicht so heftig und sie legen ihn auch schnell wieder beiseite. Aber sie haben eben auch Angst, dass die Streitigkeiten zunehmen und stärker werden, wenn erst einmal das Kind da ist.*

Die Entscheidung der beiden, bereits in einer Situation etwas gegen mögliche Probleme zu tun, wenn diese noch nicht so heftig geworden sind, ist grandios. Sie haben so die Möglichkeit, ihre Partnerschaft zu entwickeln, so lange sie noch im grundsätzlich liebevollen Miteinander sind. Und wir als Paarberater können unsere Erfahrungen und Sichtweisen einem Paar vermitteln, ohne mit ihnen zuvor den ganzen Berg aufgehäufter Kieselsteine abtragen zu müssen.

## Sich selbst ernstnehmen

Eigentlich könnte die Arbeit an einer Partnerschaft sogar schon beginnen, bevor man sie überhaupt eingeht. Denn natürlich zeigen sich die schwierigen Eigenheiten der eigenen Person nicht erst in einer Partnerschaft.

*Ein Mann hatte mit seiner Firma vor ein paar Jahren Schiffbruch erlitten. Das war noch vor seiner jetzigen Partnerschaft. Damals hatte er die schwierige Entwicklung so lange zu kaschieren versucht, bis es nicht mehr ging. Das hat nicht nur seine Firma in die Insolvenz, sondern auch ihn in ein Burn-out getrieben. Die Frau wiederum war in der Vergangenheit auch schon wegen Depressionen in psychotherapeutischer Behandlung gewesen.*

*Die Paarberatung suchen sie auf, weil sie schwer miteinander klarkommen, insbesondere seit das Kind auf der Welt ist. Nach Aussagen des Paares hat er »sehr viel Selbstbewusstsein«, während sie öfter zweifelt. Das wirkt sich auf die Partnerschaft schwierig aus. Er trifft manches Mal zu schnell Entscheidungen, ist oft zu ungeduldig. Sie vermag ihn mit ihrer Unsicherheit dann meist nicht zu bremsen, auch wenn sie ein ungutes Gefühl hat. Das führt in der Folge zu Streit und gegenseitigen Vorwürfen.*

Auch wenn dies ein ungewöhnliches Beispiel ist, denn beide waren bereits vor ihrer Partnerschaft in Krisensituationen mit ihren jeweils eigenen Problemen konfrontiert, ist es dennoch eine simple Tatsache, dass kein Mensch als unbeschriebenes Blatt in eine Partnerschaft geht. Wenn zwei zu einer Partnerschaft zusammenkommen, treffen immer Persönlichkeiten aufeinander – mit jeweils einer eigenen Geschichte, mit eigenen Erfahrungen, mit eigenen Möglichkeiten und Chancen und mit eigenen Begrenzungen. Genau daraus ergeben sich ja am Ende die Themen, die eine Partnerschaft im Guten wie im Schlechten prägen. Eine Partnerschaft wird immer durch drei Teile geprägt: Die Charaktere der beiden Partner und das Zusammenspiel beider.

Das bedeutet allerdings auch, dass eine gute Vorbereitung auf eine Partnerschaft durchaus bereits beginnen kann, ehe es zu ihr kommt. In gewisser Weise ist dies ohnehin gegeben. Jeder Jugendliche hat noch vor dem ersten

Verliebtsein eine Vorstellung, wie die künftige Partnerschaft aussehen könnte. Diese Vorstellungen haben jedoch meist und oft auch noch in späteren Jahren einen Haken: Es sind Vorstellungen, wie der nächste Partner sein sollte und wie sich die Partnerschaft dann vielleicht positiv gestaltet. Die eigenen Probleme werden dabei weniger ins Kalkül gezogen. Es handelt sich also mehr um ein ›Vorglühen‹ denn um eine wirkliche Vorbereitung. Eine wichtige Frage könnte daher lauten: Worin könnten die eigenen Belastungen für eine künftige Beziehung bestehen und wie sollte *ich*, also nicht der andere, so damit umgehen, dass diese so gering wie möglich gehalten werden?

Um es am letzten Beispiel zu erklären: Der Mann ist gefordert, sich mit seiner manchmal überhasteten Art und ihren Folgen auch für die Partnerschaft auseinanderzusetzen. Da er das vielleicht nicht so einfach abstellen kann, ginge es auch darum, Vorkehrungen zu treffen, die eventuelle negative Folgen abmildern. So könnte er sich beispielsweise vornehmen, sich gleich zu Beginn einer künftigen Partnerschaft regelmäßig mit seiner Partnerin zusammenzusetzen und über anstehende Entscheidungen zu sprechen, sozusagen präventiv. Die Auseinandersetzung mit seinem eigenen Verhalten und seinen Eigenarten ist für eine Partnerschaft wichtig und letztlich die Voraussetzung für ein gutes Miteinander. Warum also nicht schon beginnen, bevor man eine Partnerschaft beginnt?

Aber auch hier gilt, dass mit so einer, oftmals als unangenehm empfundenen, Arbeit an sich selbst zumeist erst begonnen wird, wenn eine Krise aufgetreten ist, die die Behaglichkeit des Lebens stört. Umso verwunderlicher ist es allerdings, dass manch einer selbst nach einer gescheiterten Partnerschaft dazu nicht bereit ist und in die nächste geht, ohne das Scheitern der vorherigen wirklich verstanden zu haben.

Wir erleben oft, dass Paare zu uns kommen, die eine länger währende Partnerschaft bereits hinter sich haben, oft mit Kindern. Nach ihrer Trennung gingen sie eine neue ein, mit der sie irgendwann wieder vor den gleichen Problemen standen wie mit der vorherigen. So ein Déjà-vu wird als besondere Belastung, als Niederlage, manchmal sogar als Verschwörung gegen die eigene Person empfunden. Entsprechend sind die Beschwerden groß. »Ich habe so eine Situation bei meinem Ex schon einmal erlebt und möchte das jetzt einfach nicht mehr …« Doch so sehr solche Aussagen zu verstehen sind, so erstaunlicher ist es, dass die Klagenden nach ihren eigenen Anteilen an dem Geschehen zuvor nie gefragt, geschweige denn, sie verstanden hatten.

Ein Grund dafür, dass bei einer Verabschiedung aus einer Partnerschaft nicht so oft nach der eigenen Beteiligung an diesem Scheitern gefragt wird, liegt an der Normalität des Geschehens. Es gehen einfach zu viele Ehen und langwährende Partnerschaften auseinander, als dass dies dem eigenen Verschulden zugerechnet wird.

Falls Sie sich fragen, ob diese Einschätzung zu hart ist, dann muss ich Ihnen ein wenig recht geben. Natürlich wird fast jeder die Frage, ob er nicht auch etwas falsch gemacht hat, bejahen. Aber bei genauerem Nachfragen kommen dann Antworten wie »Ich habe einfach zu lange mitgemacht und mir das Verhalten des anderen zu lange gefallen lassen.« Das heißt, dass das eigene aktive Mittun an der Entstehung der Situation nicht gesehen wird. Schon gar nicht wird darüber nachgedacht, warum es eben gerade dieser Partner war, mit dem man so eine lange Beziehung geführt hat. Nach meinem Verständnis muss das einen Sinn haben. Der aber fällt vielen erst dann auf, wenn sie mit dem nächsten Partner vor der gleichen Situation stehen. Daher mein Aufruf: Wenn in einer Partnerschaft etwas schiefgelaufen ist oder gerade schiefläuft, kümmern Sie sich schnell darum, die Konflikte zu verstehen. Am besten natürlich mit dem Partner. Doch wenn er sich die Frage nach dem eigenen Anteil nicht stellen möchte, dann sind Sie dennoch gefordert, dies für sich zu tun.

## Die eigene Verantwortung

*Ein Ehepaar kommt zu uns in die Beratung. Es ist schon eine Weile verheiratet, doch in letzter Zeit, im Grunde seit das letzte Kind ausgezogen ist, streiten sie sich häufig. Und obwohl das beide so empfinden, möchte der Mann nicht darüber sprechen. Für ihn ist klar, dass die Frau mit ihrem Verhalten allein die Streitereien provoziert. Die Frau wiederum beklagt sich, dass der Mann über die Probleme nicht sprechen will. Sie hätte es schon oft versucht. Sie hatte mein Buch »Partnerschaft ist einfach« gelesen und auch ihrem Mann hingelegt. Aber der wollte davon nichts wissen.*

*Schließlich hat er zumindest zugestimmt, an einem Kennenlerntermin teilzunehmen. Dort aber gibt er von Beginn an zu verstehen, dass er eigentlich keine Paarberatung will. Die Frau solle ihr provozierendes Verhalten abstellen. Dann wäre alles gut.*

*Da deutlich wird, dass das Paar nicht gemeinsam zur Beratung kommen wird, die Frau jedoch in Not ist, bietet meine Frau ihr Einzelberatung an. In dieser wird einerseits deutlich, wie ernst die Frau die Situation für sich sieht. Anderer-*

*seits begreift sie, dass sie sich selbst entscheiden muss, wie es weitergeht. Mit dem Willen, dies zu bewegen, geht sie nach Hause. Zwei Tage später schreibt der Mann mir eine Mail und bittet seinerseits um eine Einzelberatung. In dieser schildert er mir seine Sicht. Er ist erleichtert, dass ich ihm nicht die alleinige Schuld an den Schwierigkeiten der Partnerschaft gebe. Unter dieser Voraussetzung eröffnet sich für ihn die Möglichkeit, mit seiner Frau die Paarberatung in Angriff zu nehmen.*

In diesem Beispiel zeigt sich ein Klassiker: Paare befinden sich in Streitsituationen oft im misstrauischen Missverständnis. Sie sind beide unzufrieden mit der Partnerschaft. Aber weil die Frau so sehr auf eine Paarberatung drängt, geht der Mann davon aus, dass diese sich gegen ihn richten wird. Von außen betrachtet scheinen solche Vorstellungen immer ein wenig absurd. Aber in der Innensicht haben sich die beiden so ineinander verhakt, dass er seiner Frau nicht einmal bei ihren Lösungsversuchen über den Weg traut. Zumal die Gespräche, die sie in letzter Zeit versucht haben, nichts außer Streit gebracht haben. Erst als er mit mir allein die Situation abklärt, kann das Misstrauen etwas weichen.

Ich erinnere mich an ein anderes Paar, das sich in einem permanenten Machtkampf befand. Beim Kennenlerntermin wurde dann deutlich, dass die Paarberatung nicht der Lösung des Problems dienen sollte, sondern dass beide über unser Angebot ihren Kampf fortsetzen wollten. Die Frau wollte den Mann in die Paarberatung zwingen, um ihm seine Fehler nachweisen zu können. Der Mann wiederum nutzte sein Nein zur Beratung, um ihr seine Macht zu demonstrieren. Denn wenn keine institutionellen oder körperlichen Zwänge ausgeübt werden, hat derjenige, der

Nein sagt, immer die Macht. Und das hat dieser Mann gern genutzt – auch indem er bereit war, zum Kennenlerntermin mitzukommen und dort auf seiner Ablehnung zu beharren. Unter diesen Voraussetzungen macht eine Paarberatung natürlich keinen Sinn.

Interessant ist jedoch, dass der Knoten im oben dargestellten Beispiel dann platzte, als die Frau bereit war, nicht mehr an ihrem Mann zu zotteln, sondern sich über die eigenen Konsequenzen Klarheit zu verschaffen. Sie begriff, dass sie nicht hilflos ist, wenn sie ihre eigenen Handlungsmöglichkeiten ernsthaft abwägt. Das kann zu schmerzhaften Entscheidungen führen und leicht sind die oft nicht zu treffen. Aber was wäre die Alternative? So weiter zu streiten wie bisher?

In diesem Fall brachte die gewonnene Freiheit der Frau den Mann unter Zugzwang, etwas für seine Partnerschaft zu tun. Das hätte auch anders ausgehen können. Man hat nie wirklich Macht über das Verhalten und die Entscheidungen des anderen. Über das eigene Verhalten und die eigenen Entscheidungen aber sehr wohl. Es gibt immer drei Wege, mit Partnerschaftsproblemen umzugehen: So weiterzumachen wie bisher, Änderungen umzusetzen oder sich zu trennen. Für den zweiten Weg bedarf es des Miteinanders beider Partner, für den ersten und dritten Weg nicht. Diese liegen in der Verantwortung des Einzelnen. Und der hat damit immer die Chance, seine Situation aktiv zu gestalten.

Eine wesentliche Aufgabe von Paarberatung liegt darin, den Beteiligten diese Sicht zu vermitteln. Es geht in der letzten Konsequenz bei aller Sehnsucht nach Zweisamkeit, Nähe und Miteinander immer um den Einzelnen, der seinen Lebensweg geht und verantwortet. Sicher braucht er dafür andere Menschen, sonst macht das Leben keinen Sinn. Aber für einen Erwachsenen gibt es nie ›diesen Einen‹, mit dem allein sich Glück verwirklichen lässt.

Die Vorstellungen, dass es ›den Richtigen für mich‹ gibt, ist in unserer gegenwärtigen Kultur weit verbreitet und Ursache großen Elends und Unglücks. Denn wer sich von einem Menschen emotional so abhängig macht, dass er ohne ihn keinen gangbaren Weg sieht, okkupiert ihn und muss versuchen, ihn in die eigenen Schablonen zu zwingen. Dieser umgekehrt dann aber auch. Dadurch kommt es zu den unsäglichen Streitereien, bei denen beide versuchen, den jeweils anderen den eigenen Wünschen anzupassen. So gehen die Möglichkeiten und Chancen gemeinsamer Entwicklung verloren. Übrigens ist die Hoffnung auf ›den Richtigen‹ auch ein Grund für die Zunahme der Singles in unserer Gesellschaft. Denn wenn es ›den Richtigen‹ nicht gibt, dann muss die Hoffnung auf ihn ja zwangsläufig enttäuscht werden. Und wer diese Enttäuschung nicht erleben möchte, lässt das Experiment Partnerschaft lieber gleich.

Es geht bei Paarberatung immer auch und zuallererst um die Verantwortung des Einzelnen für sein Leben und für die Partnerschaft. Deswegen ist die Entscheidung für eine Paarberatung zunächst eine eigene, individuelle. Diese muss dann natürlich mit dem Partner kommuniziert werden. Wenn daraus keine gemeinsame Entscheidung erwächst, ist der Einzelne gezwungen, weiterzudenken und die Konsequenzen aus dieser partnerschaftlichen Situation zu ziehen. Die kann selbstverständlich darin bestehen, so wie bisher weiterzumachen. Aber dann trägt nicht nur der die Verantwortung dafür, der keine Veränderung wollte, sondern ebenso der andere.

# Die schnelle Lösung

Das bisher Gesagte zeigt bereits, dass Träume, Hoffnungen, Sehnsüchte, aber auch Streitereien und Konflikte in einer Partnerschaft keinesfalls triviale Themen sind. Wer eine Partnerschaft eingeht, verbindet damit eine Entscheidung, die in den allermeisten Fällen die Seele im Innersten berührt. Somit ist auch das Scheitern und selbst die schlichte Unzufriedenheit niemals eine leichte Sache. Doch wenn diese Tatsache auf die Hoffnung trifft, dass ›es doch einfach so laufen möge‹, dann kann das zur Unzufriedenheit auch mit der Paarberatung führen, wenn dort das Schwierige und Komplizierte des Paarkonflikts aufgedeckt wird.

Zahlreiche Paare wünschen sich eine schnelle und einfache Lösung für ihre Probleme. Nach einem Kennenlerntermin gehen sie oft mit der Hoffnung nach Hause, nach zwei, drei Beratungsstunden sei die Sache geklärt und man könne wieder zum Alltag zurückkehren. Meistens erfüllt sich diese Erwartung allerdings nicht. Aber natürlich kann das auch mal klappen.

*Ein Paar, dessen zwei Kinder aus dem Gröbsten heraus waren, streitet sich recht häufig. Beide sind unzufrieden mit ihrer Partnerschaft und wünschen sich, dass diese wiederbelebt wird. Wir arbeiten in den ersten Beratungsstunden an den kleinen Unzufriedenheiten, die sie uns schildern. Die Frau möchte, dass der Mann mehr im Haushalt hilft. Er wiederum wünscht sich, dass die Frau seinen wöchentlichen Abend mit Freunden respektiert. Da beide bereit sind, die in der Beratung erarbeiteten Absprachen einzuhalten, geben sie sich mit dem Erreichten nach den ersten beiden Stunden zufrieden. Sie meinen, gut damit leben zu können.*

Die Charakteristik dieses Paares lag darin, dass sie sich eigentlich recht gut verstanden und ihre Probleme noch kein grundsätzliches Maß angenommen haben. Sie brauchten uns als ein objektives Gegenüber. Wir waren die Instanz, die ›die Dinge zurechtrückte‹ und für einen Ausgleich beider sorgte. Als das gelang, waren sie erst einmal zufrieden.

Viele Paare wollen konkrete und schnelle Lösungen für ihre Probleme. Wenn das so wie bei diesem Paar funktioniert, ist dagegen auch nichts einzuwenden. Das ist jedoch die Ausnahme.

Wir arbeiten mit den Paaren fast ausschließlich an konkreten Themen und Erlebnissen. Nur so ist es möglich, die Konfliktdynamik des Paares zu verstehen und ein Verständnis für mögliche Auswege zu entwickeln. Das führt dann oft dazu, dass wir mit dem Paar konkrete Lösungsschritte für dieses bestimmte Problem entwickeln und entsprechende Hausaufgaben vereinbaren. Diese bestehen darin, gemeinsam neues Verhalten auszuprobieren. Beim nächsten Mal wird darüber gesprochen, wie die Hausaufgaben gelungen sind.

In aller Regel handelt es sich bei diesen Schritten um nüchterne, unspektakuläre Handlungsvereinbarungen. Sie hören sich gar nicht so weltbewegend an. Dennoch sind sie oft grundlegender und weitreichender als es im ersten Moment scheint. So wie die konkreten Themen immer auch für den gesamten Paarkonflikt stehen, betreffen die konkreten Lösungsschritte immer auch die gesamte Partnerschaft. Das mag den Beteiligten erst einmal nicht so scheinen. Aber da jeder Mensch mit Haut und Haar seine Beziehungen und insbesondere seine Partnerschaft lebt, betrifft jedes Detail auch Alles.

Wenn ein Paar demnach die kleinen, konkreten Schritte in Angriff nimmt und sie ihm gut gelingen, dann hat sich wirklich schon einiges getan, auch wenn in den Beratungsstunden beispielsweise Themen persönlicher Prägungen – über die ich später noch ausführlicher sprechen möchte – keine Rolle spielten. Entscheidend ist, ob die Konflikte, derentwegen das Paar in die Beratung gekommen ist, beigelegt werden können. Und wenn das schnell gelingt, ist dagegen nichts einzuwenden.

Aber es gibt natürlich auch die andere Seite. Es ist möglich, dass sich Paare selbst vorgaukeln, die ersten Schritte würden ausreichen. Es kommt auch öfter nach den ersten Beratungsstunden zu einer gewissen Entspannung, schon wegen des Entschlusses eine Paarberatung aufzusuchen. Wenn diese ›spontane Besserung‹ bei einem oder beiden Partnern auf den Unwillen trifft, sich mit tieferen Ebenen der Partnerschaft und der eigenen Persönlichkeit auseinanderzusetzen, dann wird gern einmal schnell entschieden, es bei den bisherigen Erkenntnissen und Schritten zu belassen. Vielleicht wird auch befürchtet, dass ein tieferes Graben in der Partnerschaft zu einer Öffnung von weiteren Konflikten führt, die lieber zugedeckt bleiben sollen. Das ist von uns Paarberatern selbstverständlich zu akzeptieren. Doch es ist in diesen Fällen eher davon auszugehen, dass die schnellen Lösungen dem Paar auch schnell wieder verloren gehen.

Im Allgemeinen erfüllt sich die anfängliche Hoffnung auf eine schnelle Lösung der Partnerschaftskonflikte nicht. Viele Wünsche und Träume verbinden sich mit einer

Paarbeziehung, häufig gar viel zu viele. Die Enttäuschungen, die die Paare in die Beratung führen, sind entsprechend groß. Daher braucht es meist eine gewisse Zeit an Beziehungsarbeit, um den entstandenen Zwist abzubauen.

Doch auch hier gilt, dass ein rechtzeitiges Kümmern bei aufkommenden Problemen die Lösungen erleichtern. Alle Konflikte, die lange vor sich hin kochen, erfordern eine lange Klärung. Wer also auf schnelle Lösungen bei Problemen in seiner Partnerschaft aus ist, sollte sich am besten um sie kümmern, noch ehe sie entstanden sind.

# Gute Gründe, in eine Paarberatung zu gehen

## Die gemeinsame Haltung

Gerade für die Anfangszeit gilt die Volksweisheit: »Liebe macht blind.« Das ist sicher in einem bestimmten Maß auch notwendig, damit man sich überhaupt auf das Wagnis Partnerschaft einlässt. Wenn zwei Menschen mit einem zuvor ganz unterschiedlichen Leben aufeinandertreffen und sich plötzlich körperlich wie seelisch ganz nah kommen wollen, dann müssen sie sich zunächst auf das konzentrieren, was sie verbindet und was ihnen gemeinsam ist. Sie kennen das sicher auch, dass frisch verliebte Paare gegenüber Freunden und Bekannten vorschwärmen, dass sie »endlich eine verwandte Seele getroffen haben«. Selbst diejenigen, die zuvor schon ganz andere Erfahrungen gemacht haben, glauben, dass es diesmal passt wie nie. Diskussionen sind mit Paaren in dieser Situation zwecklos. Und vermutlich brauchen sie diese Phase, um sich auf das gemeinsame Experiment einzulassen. Die potenziellen Schwierigkeiten bleiben ausgeblendet, um den Start nicht zu gefährden. Also sollte jeder Außenstehende diese, manchmal nervende, Schwärmerei akzeptieren. Das legt sich mit der Zeit – je reifer das Paar, umso eher.

Problematisch kann diese Phase nur aus zwei Gründen werden: Zum einen, wenn mit dem Aufkommen von ersten Problemen sofort die Handtücher geworfen werden, weil die heile Komfortzone Risse bekommt. Zum zweiten, wenn die potenziellen Schwierigkeiten zu lange ausgeblendet bleiben und zugleich Fakten entstanden sind: Kinder, Hauskauf, Wohnortwechsel. Wenn dann – manchmal nach Jahren – festgestellt wird, dass diese Entwicklung gar keine gemeinsame war, sondern nur dem Festhalten an der Komfortzone, also der Sehnsucht nach Gemeinsamkeit geschuldet ist, kann das zu schwerwiegenden Paarkonflikten führen. Die sind dann unter Umständen weit größer als die normalen unterschiedlichen Ansichten, Haltungen und Handlungsweisen der Partner. Während sich mit diesen meist gut umgehen lässt, stehen die Paare, die plötzlich aufwachen, vor viel größeren Problemen. Sie können die entstandenen Fakten nicht einfach ignorieren.

*Das Paar ist drei Jahre zusammen, die Frau ist Anfang, der Mann Mitte vierzig. Beide haben bereits längere Partnerschaften hinter sich, die jeweils nach mehreren Jahren auseinandergingen. Kinder hatten beide zuvor nicht.*

*Knapp zwei Jahre nach ihrem Zusammenkommen wurde das gemeinsame Kind geboren. In dieser Zeit sind sie in ein*

*Wohnprojekt eingestiegen, bei dem sie einerseits einen hohen Kredit aufnehmen mussten, andererseits viel Eigenleistungen erbringen müssen. Da der Mann Klempner und überhaupt handwerklich sehr begabt ist, schien das zunächst kein Problem.*

*In die Paarberatung kommen die beiden auf Drängen der Frau. Sie ist unzufrieden, weil sie trotz eigener Vollberufstätigkeit die Verantwortung für das Kind fast allein trägt. Sie leben auf einer Baustelle und es ist nicht abzusehen, wann sich dieser Zustand entspannt. Es ist einfach noch zu viel in der Wohnung zu tun. Der Mann sieht das Chaos nicht so als Problem. Zudem hat er viel auf seiner Arbeit zu tun. »Es muss ja auch Geld fließen.«*

In der Beratung wird schnell klar, dass beide die Partnerschaft als ihre letzte Chance gesehen haben, ihre Lebensträume endlich zu erfüllen. Die Frau wollte unbedingt Mutter werden und sah ihre Zeit davonlaufen. »Ich will doch nicht schon sechzig sein, wenn mein Kind volljährig wird.«, klagte sie. Der Mann wiederum sah das Wohnprojekt, einen Dreiseitenhof, als eine seltene Möglichkeit, seinen Traum vom Wohneigentum zu verwirklichen. Sein Satz lautete: »So eine Chance kommt so schnell nicht wieder. Und irgendwann sind wir zu alt für ein solches Projekt.«

Als sie vor drei Jahren zusammenkamen, haben sie sich in dem festen Willen getroffen, die Partnerschaft richtig anzupacken und so ihre Lebensträume wahr werden zu lassen. Sie passten beide von ihren Persönlichkeiten auch gut zusammen und waren verliebt. Nach den vorherigen, manchmal schwierig verlaufenen Beziehungen war das wohltuend für ihre Seelen.

Im Beratungsverlauf wurde schnell klar, dass beide im Gefühl des Miteinanders ihr jeweiliges Projekt vorantrieben und der andere einfach mitmachte. Es gab zwar keine Geheimnisse zwischen ihnen, niemand tat etwas Heimliches. Aber eine gemeinsame Entscheidung im erwachsenen Sinne waren weder die Schwangerschaft noch der Hauskauf. Das zeigte sich nun, da die Fakten geschaffen waren, in der von beiden empfundenen zu großen Belastung und den daraus resultierenden fortwährenden Streitigkeiten. Besonders bitter waren Aussagen, die sie sich erst im Schutz einer Paarberatung zu sagen getrauten: Der Mann wollte eigentlich kein Kind, die Frau wollte eigentlich bei keinem Wohnprojekt mitmachen.

Doch die entstandenen Tatsachen ließen sich jetzt nicht mehr so einfach verändern. Der Mann war nun Vater und musste sich dieser Lebensaufgabe stellen. Die Frau war durch den gemeinsamen Kredit und die gemeinsame Wohnung ebenfalls gefordert. Ein schnelles Entkommen gab es nicht. Sie standen gleichermaßen vor der Aufgabe, sich zu dieser Situation zu positionieren. Und da sie beide an der Partnerschaft festhalten wollten, standen sie vor der Herausforderung, mit den entstandenen Fakten eine gemeinsame Haltung in ihrer Partnerschaft zu entwickeln. Positiv war dabei das dennoch vorhandene Wohlwollen beider zueinander und der feste Wille, es diesmal zu schaffen.

Es ist von entscheidender Bedeutung, dass in einer Partnerschaft in den wichtigen Punkten eine gemeinsame Haltung erarbeitet wird. Sie betreffen in erster Linie die Entscheidung für oder gegen Kinder und den Umgang mit den Finanzen. Hierzu zählen auch größere Anschaffungen und Kredite. Bei diesen Themen sollte nie davon ausgegangen werden, dass es schon gut gehen wird. Und da sie faktisch ab dem ersten Tag relevant werden können, ist selbst in der Verliebtheitsphase Vorsicht geboten. Natürlich lässt sich die Erarbeitung einer gemeinsamen Haltung zu diesen zentralen Themen einige Zeit verschieben. Die ersten Tage und Wochen sind selten für Grundsatzdiskussionen geeignet. Doch gerade dann muss Vorsorge getroffen werden, dass nicht durch Sehnsucht und Unachtsamkeit Tatsachen geschaffen werden, die nicht einfach so rückgängig gemacht werden können.

Natürlich lässt sich das hier beschriebene Beispiel in der letzten Konsequenz auch anders, also mit einem milden Blick verstehen: Der eine könnte den jeweils anderen zum Glück verführt haben. Vaterschaft und Eigentumswohnung sind durchaus lohnende Ergebnisse. Und wenn es dem ›verführten Partner‹ gelingt, diese Situation als einen Gewinn wahrzunehmen und so auch zur eigenen Entscheidung zu machen, kann das ein durchaus guter Weg gewesen sein. Allerdings dürfen wir das hohe Maß an Belastung nicht vergessen, dass diese Entscheidungen im Doppelpack mit sich bringen. Also schauen wir mal …

## Wenn das Gemeinsame fehlt

Das Fehlen einer gemeinsamen Haltung in zentralen Fragen ist eine große Belastung für eine Partnerschaft. Ich entsinne mich beispielsweise an ein Paar, bei dem die Frau ein Kind wollte, der Mann aber nicht. Er hatte bereits eines aus einer vorherigen Partnerschaft.

Beide sprachen zwar immer einmal darüber, verständigten sich jedoch nicht wirklich. Die Frau ließ dann ohne

Absprache die Pille weg und wurde schwanger. Das verbitterte den Mann so sehr, dass er sich ohne Absprache sterilisieren ließ. Das wiederum brachte die Frau gegen ihn auf. Ihre Planung sah durchaus noch mindestens ein weiteres Kind vor.

Solche Beispiele sind für Außenstehende oft schwer zu verstehen. »Wie gehen die beiden bloß miteinander um?«, wird sich manch einer fragen. Und dennoch passiert so etwas öfter als gedacht. Partnerschaften sind zumeist mit Sehnsüchten aufgeladen und darin sind oft auch Träume von Familie eingeschlossen. Da lässt sich das Verhalten der Partner nicht immer rational begründen. Für die vermeintliche Erfüllung von Lebensträumen werden dann Dinge gemacht, die am Ende die Erfüllung der Lebensträume eher behindern. Zwar hat die Frau ihren Kinderwunsch erfüllt, aber die Partnerschaft hatte keine Chance mehr.

*Ein Mann und eine Frau waren bereits zehn Jahre zusammen, als sie heirateten. Sie war schon immer von dem Wunsch beseelt, zu heiraten, Kinder zu bekommen und ein Haus zu bauen. Sie sah sich als »Familienmenschen«. Er aber wollte das nie. Irgendwann gab er ihrem Wunsch, zu heiraten, nach. Das schien ihm ein vertretbarer Kompromiss. Aber die Frau wollte nicht auf ihren Kinderwunsch verzichten. Als weiteren Kompromiss schlug er vor, dass sie sich einen Hund anschaffen. Als der Hund dann da war, merkte er schnell, dass er mit dem Sich-kümmern-Müssen und der Verantwortung an seine Grenze gerät. Für ihn stand nun erst recht fest, dass er keine Kinder möchte. Das wiederum enttäuschte die Frau sehr. Die Partnerschaft litt zunehmend und so entschlossen sie sich, eine Paarberatung aufzusuchen.*

Ich finde, man kann beiden ihre Wünsche und Vorstellungen nicht zum Vorwurf machen. Dass die Frau Kinder bekommen möchte, ist gut zu verstehen. Ebenso lässt sich dem Mann aber auch nicht vorwerfen, dass er keine möchte. Ich selbst bejahe Kinder und bin glücklich, bereits Enkel zu haben. Aber wer will darüber richten, wenn ein Mensch – aus welchen Gründen auch immer – sich gegen Kinder entscheidet. Zu einem Kind sollte niemand gezwungen werden. Bestenfalls sollte gemahnt werden, für diese Entscheidung die Verantwortung zu übernehmen – sich also um die Verhütung kümmern und offen zum Partner sein. Andererseits hat aber auch die Frau jedes Recht, sich Kinder zu wünschen. Sie wiederum ist einzig darauf hinzuweisen, dass es falsch ist, dem Partner ein Kind ›unterzuschieben‹. Auch sie sollte ihm in dieser Frage offen begegnen.

Die entscheidende Frage ist nun, welche Konsequenzen sich aus den unterschiedlichen Vorstellungen für die Partnerschaft ergeben. Die einfache Antwort darauf lautet, dass sie sich trennen müssen, wenn keiner von beiden seine Meinung ändert.

Das mag hart klingen. Aber was wäre die Alternative? Etwa den anderen durch Tricks, Drohungen oder Manipulationen zur Übernahme der eigenen Ansicht zu zwingen? Das geht in den allermeisten Fällen schief. Wie oft sind ältere Paare zu uns gekommen und ein Partner hat sich beklagt, dass er vor zehn, manchmal zwanzig oder gar dreißig Jahren bei einer Entscheidung nachgegeben hat und dies die ganzen Jahre als Last empfand. Ein Nachgeben ohne eine wirklich eigene positive Entscheidung führt immer zu einer Entfremdung der Partner. Es ist also Vorsicht geboten!

Die zentralen Vorstellungen, die ein Mensch von seinem Leben hat, sind so wichtig, dass es in den seltensten Fällen gut ist, sie aufzugeben. Dazu zählt an erster Stelle das Ja oder Nein zu Kindern. Und deshalb sollte das Paar sich rechtzeitig und ausreichend darüber verständigen. Bitte glauben Sie mir: Auch, wenn es eine schmerzhafte Entscheidung sein mag, sich wegen einer unüberbrückbaren Differenz zu trennen, ist das immer noch besser, als sich dies Jahre später zum Vorwurf zu machen. Es ist ihr einziges Leben und Sie, nicht Ihr Partner, tragen die Verantwortung dafür.

Wenn Sie sich dennoch entschließen, Ihre Meinung in solch zentralen Fragen zu ändern, sind Sie fast noch mehr gefordert. Denn erstens müssen Sie prüfen, ob Sie das tatsächlich wollen und nicht einfach nur nachgeben. Zweitens müssen Sie die neue Haltung wirklich zu der Ihrigen machen. Und drittens dürfen Sie nie – wirklich nie! – Ihren Partner dafür verantwortlich machen. Das ist bei so wichtigen Fragen eine wahre Herkulesaufgabe.

## Zusammenstehen, zusammengehen

Gemeinsame Entscheidungen beziehungsweise eine gemeinsame Haltung als Paar ist jedoch nicht nur bei Grundsatzthemen wichtig. Sicher gilt das nicht für alles und jedes. Eine Partnerschaft sollte unterschiedliche Ansichten und Verhaltensweisen durchaus verkraften. Sie halten das Miteinander lebendig. Dennoch können immer wieder Themen auftauchen, die Gemeinsamkeit erfordern. Eine eindeutige Grenze zwischen Bereichen, die durchaus Unterschiede vertragen, und denen, bei denen das nicht geht, ist nicht leicht zu ziehen. Das hängt vom jeweiligen Paar ab. Die entscheidende Frage ist, ob durch die Unterschiede die Partnerschaft einer Zerreißprobe ausgesetzt wird.

Das klassische Beispiel ist die Kindererziehung. Bei fast jedem Paar, das zu uns in die Paarberatung kam und dieses Thema ansprach, gab es Konflikte durch unterschiedliche Ansichten. Welche Freiheiten werden den Kindern gewährt und welche Grenzen müssen gesetzt werden? Was sollte ihnen erspart bleiben und wo sind sie zu fordern? Unterschiedliche Auffassungen beim Umgang mit den Kindern treten bei so gut wie jedem Elternpaar auf. Das ist auch normal. Zu einem Dauerkrieg kann dieses Thema werden, wenn die Partner der Ansicht sind, dass der andere mit seinem Verhalten den Kindern massiv schadet.

Wenn dem wirklich so ist, muss selbstverständlich eingeschritten werden. Aber nach meiner Erfahrung ist dies eher selten der Fall. Vielmehr treffen einfach ganz unterschiedliche Erfahrungen aufeinander und führen zu unterschiedlichen Erziehungsstilen. Dabei ist Kindererziehung oft mit der festen Absicht verbunden, dass es die Kinder besser haben sollen, als man es selbst hatte.

So verständlich das Anliegen ist, unangenehme Erfahrungen aus der eigenen Kindheit den Kindern zu ersparen, so sehr birgt es die Gefahr, zu sehr mit ihnen identifiziert zu sein und aus dieser Haltung heraus das abweichende Verhalten des Partners als Gefahr zu sehen. Es wird dann fantasiert, dass großzügigeres Nachgeben die Kinder zu sehr verhätschelt oder stärkere Forderungen sie zu sehr belasten.

Meist werden die Unterschiede im Erziehungsstil des Partners jedoch als zu stark empfunden. Zudem stellen die Unterschiede in der Erziehung für die Kinder oft weniger ein Problem dar als der Streit der Eltern darüber. Fragen der Kindererziehung können zu Grundsatzthemen werden, die die Partnerschaften massiv belasten. Es entsteht eine Konkurrenz zwischen den Eltern, die Kinder werden manipuliert und gegen den Partner ausgespielt. Oft versuchen die Kinder, aus dieser Situation für sich Kapital zu schlagen. Aber wirklich glücklich sind sie damit dennoch nicht.

In der Paarberatung spielt genau diese letzte Aussage die entscheidende Rolle: Es geht um die Kinder. Wir als Berater können und wollen keinen Erziehungsstil präferieren. Wir können bestenfalls und mit aller Vorsicht unseren Eindruck wiedergeben, dass Kinder manchmal zu wenig gefordert werden und ihnen manchmal zu viel zugemutet wird. Aber entscheidend ist unsere Überzeugung, dass das Paar gemeinsam gegenüber den Kindern auftreten muss. Differenzen auf dem Rücken der Kinder auszutragen, ist immer falsch. Deswegen ist das Paar um seiner Kinder Willen gefordert, die unterschiedlichen Ansichten miteinander zu besprechen und sich so eine gemeinsame Haltung zu erarbeiten. Sie muss nicht immer im gleichen Verhalten gegenüber den Kindern liegen. Das ist nicht notwendig. Die Partner dürfen nur nicht gegeneinander agieren und dabei die Kinder benutzen.

Wir verwenden in der Paarberatung manchmal einen Korb mit Steinen und bitten das Paar, mit den Steinen die Familienkonstellation abzubilden. Oft kommt dabei heraus, dass einer der beiden näher an den Kindern als am Partner ist. Häufig ist das geschlechtsspezifisch. Die Mütter fühlen sich oft stärker den Kindern verbunden als ihren Männern. Und die Väter rücken freiwillig weiter weg. Aber natürlich haben wir das auch schon anders herum erlebt. Entscheidend ist das Prinzip. Und das besagt, dass die Partner in einer funktionierenden Partnerschaft als Paar zusammenstehen und sich die Kinder oder auch andere Familienangehörige ihnen – natürlich symbolisch – gegenüber befinden. Es geht um das Miteinander, um das Zusammengehen des Paares. Das ist die Voraussetzung auch für eine gute Familienatmosphäre.

*Ein Paar, fünf Jahre zusammen, ein zweijähriges Kind, kommt zu uns, weil es sich über die Gestaltung von Weihnachten streitet. Die Mutter des Mannes möchte gern, dass die junge Familie Heiligabend bei ihr verbringt, da sie allein lebt. Die Frau hatte das letzte Jahr schon als schwierig erlebt und möchte das dieses Jahr auf keinen Fall mehr. Der Mann ist nicht so eindeutig entschieden, weil seine Familie immer Heiligabend zusammen verbracht hat und er jetzt, da der Vater tot ist, seine Mutter nicht allein lassen möchte. Zudem spricht er an, dass sie am ersten Weihnachtsfeiertag mit ihrer ganzen Familie verbringen und das auch nicht gerade entspannend sei. Als Lösungsmöglichkeit bringen sie ins Spiel, dass jeder mit dem Kind und seiner Ursprungsfamilie das entsprechende Zusammensein durchführt und der andere in dieser Zeit für sich bleibt.*

Natürlich gilt auch hier wieder, dass so eine Lösung möglich ist. Wenn beide Partner Weihnachten ohnehin nur als lästige Pflicht ansehen und eigentlich lieber einzeln ihre Ruhe haben möchten, soll es so sein. Aber auf unser Nachfragen hin wurde bei diesem Paar sehr schnell deutlich, dass sich beide auch mit der vorgestellten Lösung unwohl fühlen. Daher fragen wir nach, wie sie ihr Weihnachten begehen würden, wenn sie einmal alle Forderungen der

Ursprungsfamilien beiseitelassen. Interessanterweise kamen sie erstaunlich schnell zu gemeinsamen Ideen. Vor allem würden sie das Zusammensein mit seiner Mutter und ihren Eltern und Geschwistern deutlich stärker begrenzen und insbesondere den Heiligabend als kleine Familie begehen wollen. Das Zusammensein mit ihren Ursprungsfamilien würden sie am liebsten auf den ersten und zweiten Weihnachtstag legen und zudem zeitlich begrenzen. Das zu vertreten fällt ihnen nur sehr schwer.

Bei diesem Beispiel wird deutlich, dass Paare manchmal bereit sind, das Gemeinsame aufzugeben, wenn es gegenüber anderen Anforderungen schwierig wird. Die Partner rücken dann auseinander und stellen sich manchmal sogar gegeneinander. Gerade gegenüber den Ursprungsfamilien ist das recht häufig der Fall. Das aber ist für die Partnerschaft nicht gut und birgt den Keim weiterer Konflikte. Denken Sie an die Kieselsteine!

Es ist daher unbedingt wichtig, dass sich beide verständigen und eine Lösung finden, die sie gemeinsam vertreten können. Das mag gegenüber den anderen nicht immer leicht sein. Aber dafür ist ein Paar auch ein Paar. Beide können sich gegenseitig stützen und stärken. Für die Partnerschaft ist diese eine gemeinsame Haltung von großer Wichtigkeit. Sie entscheidet, ob sich die Partner nahe sind oder nebeneinanderher leben.

Dieses Paar fand dann eine Lösung, die ein wenig ihren Ursprungsfamilien entgegenkam, vor allem aber ihre eigenen Bedürfnisse als Paar und als neue kleine Familie berücksichtigte. In der nächsten Beratungsstunde strahlten beide und berichteten, dass sie das gut hinbekommen hätten. Zwar waren seine Mutter und ihre Eltern erst einmal ärgerlich gewesen. Sie hätten sich jedoch letztlich mit der

Entscheidung der beiden abgefunden und waren am Ende auch ganz zufrieden. Das Paar aber war stolz, dass es diese Bewährungsprobe bestanden hatte.

Das Prinzip des Zusammenstehens und Zusammengehens ist bedeutsam für die Frage, ob ein Paar in gutem Miteinander ist oder ob es sich mit der Zeit immer mehr verliert. Es geht dabei nicht darum, stets der gleichen Meinung zu sein. Jeder ist und bleibt ein eigener Mensch und die Partner sollten sich immer auch ein wenig fremd bleiben. Wer glaubt, über seinen Partner alles zu wissen, schaut nicht richtig hin und langweilig ist das auch noch. Aber bei aller Unterschiedlichkeit, ist das Beieinandersein wichtig. Partnerschaft bedeutet, den anderen zur wichtigsten Person zu machen, sonst ist es streng genommen keine Partnerschaft.

Soweit die Theorie! In der Praxis erleben wir oft, dass sich Paare misstrauen. Der andere wird vielleicht nicht immer gleich als ›Feind im eigenen Haus‹ gesehen. Dennoch besteht bei Paaren, die das Gemeinsame nicht pflegen, sehr schnell die Befürchtung, der andere würde nur darauf warten, sich bei nächster Gelegenheit gegen einen zu wenden. So als traue man sich und seiner Partnerschaft nicht. Im schlimmsten Fall führt das zu einem fortwährend angespannten Belauern, wie wir das immer wieder bei älteren Paaren erleben, bei denen sich mit der Zeit viele Kieselsteine angesammelt haben. Bei ihnen ist die Grundstimmung gekippt. Vom anderen wird kaum noch etwas Gutes erwartet.

Vor ein paar Jahren war ein Paar bei uns, das mehr als dreißig Jahre verheiratet war. Die Kinder waren ausgezogen, das Paar lebte in einem schönen kleinen Haus – und beide stellten fest, dass sie sich nur noch hassen. Egal, was der eine tat, der andere interpretierte das ausschließlich gegen sich. Da beide keinerlei Willen zeigten und vielleicht auch gar nicht mehr in der Lage dazu waren, ›den Schalter umzulegen‹, mussten wir diesem Paar dringend raten, sofort auseinanderzuziehen. Wir hatten die Befürchtung, dass sie sich am Ende noch etwas antun.

## Kreative Ideen

Was aber kann ein Paar tun, bei dem scheinbar unüberwindliche Hindernisse die Gemeinsamkeit behindern? Wie geht es mit dem Gefühl des Getrenntseins um? Man könnte auseinandergehen. Aber was, wenn das keine Option ist?

*Ein Mann, Anfang vierzig, bittet mich um ein Beratungsgespräch. Er schildert, dass er auf Grund einer körperlichen Erkrankung Probleme mit seiner Erektion hat. Das macht die Sexualität mit seiner Frau schwierig, denn meist ist er nicht in der Lage, in sie einzudringen. Für seine Frau ist das nach ihren Aussagen kein großes Problem. Sie sagte ihm, dass sie Sex nicht so braucht. Der Mann aber hat trotz seiner mangelnden Erektion immer noch sexuelle Bedürfnisse und leidet unter dem Mangel. Ab und an befriedigt die Frau ihn mit der Hand. Aber das geschieht nach seiner Aussage immer seltener. Mittlerweile ist die Sexualität fast zum Erliegen gekommen.*

*Unlängst war der Mann in einem Massagestudio. Dabei war es am Ende der Massage zur ›Handentspannung‹ gekommen. Eigentlich hat ihm das gefallen, aber jetzt hat er ein schlechtes Gewissen und fühlt sich moralisch verwerflich. Er möchte so etwas auf keinen Fall mehr tun. Dennoch leidet er unter dem Mangel an Sexualität und kann sich nicht vorstellen, dass das in seinem weiteren Leben nie mehr besser wird. Deswegen kam er zu mir in die Beratung.*

*Ich frage ihn, welche Auswege er für sich sieht. Doch das einzige, was er zu antworten weiß, ist, dass er nie mehr in ein Massagestudio gehen wird und dass seine Frau es nicht schlimm findet, keinen Sex mehr zu haben. Er sieht sich in einer unauflösbaren Zwickmühle, aus der er nach seiner Überzeugung für den Rest seines Lebens nicht herauskommt.*

Der Mann sieht unüberwindliche Hindernisse in seiner Partnerschaft. Seine Verzweiflung ist spürbar. Mehrmals weint er. Er liebt seine Frau, möchte sich keinesfalls trennen. Aber zugleich ist er unglücklich mit ihr. Was also lässt sich ihm raten?

Die Frage, die sich stellt, ist die: Ist es möglich, dass zwei Menschen auch unter objektiv schwierigen Bedingungen die Gemeinsamkeit halten können und so bei aller unauflöslichen Begrenzung gut zusammenleben?

Sicher kann diese Frage nicht pauschal beantwortet werden. Abstriche von Vorstellungen, ›wie eine richtige Partnerschaft aussieht‹, müssen bestimmt gemacht werden. Und dennoch besteht eben auch die Gefahr, das Mögliche an Miteinander zu übersehen. Partnerschaftliche Liebe heißt ja nicht, sich mit einer belastenden Situation einfach abzufinden und vielleicht im Stillen zu resignieren. Wie wäre es stattdessen mit kreativen Ideen, die die einschränkenden Gegebenheiten berücksichtigen und dennoch zueinander führen?

So frage ich den Mann, wie es wäre, mit seiner Frau eine ›Massagekultur‹ zu entwickeln. Sie könnten sich regelmäßig verabreden und sich gegenseitig massieren. Dabei ist es nicht das Ziel, unbedingt ›zum Äußersten‹ zu kommen. Aber so könnten beide ein Miteinander entwickeln, bei dem sie sich trotz der angesprochenen Schwierigkeiten auch körperlich nahekommen. Daraus kann sich dann mehr entwickeln und natürlich auch Sexualität einschließen. Aber es wäre so keine einseitige und abgearbeitete Sache, die die Frau nur notgedrungen für ihn tut und bei der er sich nicht gut fühlt. Beiden könnte dies eine körperliche Begegnung ermöglichen, die sie auch seelisch verbindet. Entscheidend ist in solchen Situationen der Wille zur Gemeinsamkeit. Und hier zeigt sich, ob die Zuneigung beider, von der der Mann überzeugt war, wirklich besteht.

Vielleicht ist es viel seltener der Fall, dass Hindernisse, die Paaren als unüberwindlich erscheinen, wirklich unüberwindlich sind. Es braucht manchmal nur die Bereitschaft, alte Vorstellungen zu überwinden und kreativ zu sein. Das gelingt jedoch selten durch verzweifeltes Grübeln, eher schon durch gemeinsame Gespräche. Und natürlich kann es sinnvoll sein, das zweisame Nachdenken durch eine Außensicht zu bereichern. Der Einzelne wie das Paar können in ihren gewohnten Denkmustern durch Gespräche mit Freunden oder durch eine Paarberatung durchaus neue, kreative Ideen entwickeln.

Ich erinnere mich in all den Jahren nur an eine Situation, in der ich mich als Berater einer Paarkonstellation gegenüber wirklich hilflos fühlte. Es kam ein Mann zu mir, der Ende siebzig war. Er berichtete mir, dass seine Frau ihm zu ihrem siebzigsten Geburtstag verkündete, dass sie »von nun an für Sex nicht mehr zur Verfügung steht«. Der Mann hatte aber weder das Geld, ab und an zu einer Prostituierten zu gehen, noch sah er einen Sinn darin, sich zu trennen. Er glaubte nicht, dass er noch einmal eine Partnerin findet, mit der er Sex haben könnte. Außer Selbstbefriedigung blieb ihm nichts. Er litt unter seiner Situation, denn sie machte ihm sein Alter deutlich.

Hier versagte auch meine Fantasie für eine machbare Lösung. Da ich selbst noch nicht so alt bin und so eine Situation bisher nicht erlebt habe, konnte ich ihm nicht einmal mit offenem Herzen raten, er solle sie für den Rest seiner Jahre annehmen. Schon gar nicht wollte ich den Zeigefinger erheben und ihm besserwisserisch vor Augen halten, dass seine Situation das Ergebnis des gemeinsamen Partnerschaftslebens sei und er somit über die Jahre selbst an seinem Unglück gebastelt hat. Ich konnte ihn nur mit seiner Resignation gehen lassen.

Ich kann auch dem Mann in dem am Anfang des Kapitels geschilderten Beispiel keine Garantie geben, dass die Idee einer ›Massagekultur‹ tatsächlich so verwirklicht werden kann. Ob seine Frau sich darauf einlässt, ist offen. Doch wenn sich die beiden wirklich so gernhaben, wie der Mann es mir berichtete, sollte das möglich sein. Zumindest zeigt dieser Weg, dass verfahrene Partnerschaftssituationen nicht so ausweglos sein müssen, wie es zunächst vielleicht scheint. Dafür aber ist der Wille der Partner zum Miteinander wichtig. Und manches Mal braucht es in solchen Situationen eben Paarberatung, also die Sicht und Erfahrung von außen.

## Kritische Lebensereignisse

Der Ausdruck ›Kritische Lebensereignisse‹ kommt aus der Wissenschaft und meint Ereignisse, die das bisherige Leben durcheinanderbringen und beispielsweise in einer

Partnerschaft das selbstverständliche Gefüge eines Paares mit sich und der Umwelt verändern. Diese Lebensereignisse müssen nicht unbedingt negativ sein. Sie können durchaus auch Ereignisse meinen, auf die sich das Paar eigentlich freut. Entscheidend ist die Veränderung des bisherigen Lebens. Ein klassisches Beispiel hierfür ist die Hochzeit. In den allermeisten Fällen entscheidet sich das Paar in freiem und vollem Bewusstsein dafür. Dennoch bringt eine Hochzeit mehr durcheinander als vielleicht gedacht. Es handelt sich um eine Entscheidung, die jenseits aller rechtlichen Formalien bei den Partnern immer auch eine innere Bewegung auslöst. Vor einigen Jahren las ich eine Studie, nach der bei einer Hochzeit gleich nach dem Tod des Partners und noch vor einem gemeinsamen Umzug am zweithäufigsten mit Krankheit reagiert wird. Bezogen auf die seelische Beanspruchung ist es also fast egal, ob ein Ereignis freudig oder mit Schrecken erlebt wird. Die veränderte Situation erfordert eine Anpassung des inneren Gefüges des Einzelnen wie des Paares. Das muss natürlich nicht mit Problemen einhergehen, kann es aber. Und die Probleme können sich zuweilen zu Krisen ausweiten.

Die Erkrankung des Mannes aus dem vorangegangenen Kapitel ist ein Beispiel für ein kritisches Lebensereignis. Eine Krankheit als Ursache ist vergleichsweise häufig der Fall – besonders, wenn Paare älter werden. Andere mögliche Ereignisse, denen wir in der Paarberatung öfter begegnen, sind die Geburt eines Kindes, Arbeitsplatzveränderungen, Umzüge, die Schuleinführung eines Kindes, der Auszug des jüngsten Kindes, Renteneintritt, aber auch das Verlieben eines der beiden Partner in einen anderen oder ein Trennungswunsch. Insgesamt lässt sich zwischen erwartbaren und unerwarteten, zwischen selbst herbeigeführten und schicksalhaft erlebten Ereignissen unterscheiden.

So unterschiedlich die Ereignisse im Einzelnen sein mögen, ihnen ist gemeinsam, dass sie neue Anforderungen an das Paar stellen, denen begegnet werden muss. Der Einzelne wie das Paar steht vor einer Herausforderung. Diese kann am Ende zu mehr Miteinander, zu einer Reifung des Paares, aber eben auch zu Entzweiung führen. Das hängt von der Art des Ereignisses, von den Persönlichkeiten der Partner und von der Geschichte der Partnerschaft ab.

*Ein Paar, er ist 67 Jahre alt, sie ist Mitte 50, wendet sich an uns. Sie sind seit fast zwanzig Jahren verheiratet. Beide haben immer viel gearbeitet. Seit zwei Jahren ist der Mann nun zu Hause. Da er jedoch im Heimatverein engagiert ist und an einer Ortschronik arbeitet, macht ihm das Ende seines Berufslebens nach eigenen Aussagen nicht viel aus. Er spricht selbst vom »Unruhestand«. Allerdings arbeitet er dabei viel zu Hause, was jedoch aufgrund der Berufstätigkeit der Frau zunächst kein Problem war.*

*Seine Frau arbeitete viele Jahre in einem Labor, das vor etwa einem Jahr geschlossen wurde. Dadurch wurde sie arbeitslos. Sie bemühte sich sofort um neue Arbeit, aber bis zur Beginn der Paarberatung hatte das nicht geklappt. Beide sagen, dass sie sich eigentlich gut verstehen. Aber seit auch die Frau zu Hause ist, gehen sie sich nur noch auf den Geist.*

Beide machen den Eindruck, dass sie mitten im Leben stehen. Sie haben sich nach jeweils einer gescheiterten Ehe auf eine neue Partnerschaft eingelassen, die recht lange gut verlief. Allerdings war von Beginn an ihr jeweils voller Arbeitsalltag ein Puffer vor zu viel Zusammensein. Da sie keine Kinder haben, auch nicht aus den vorherigen Partnerschaften, konnten sie es sich leisten, sich nur so viel zu sehen, wie ihnen guttat. Das war nicht einmal eine bewusste Abmachung. Es hat einfach funktioniert.

Es gibt zahlreiche Paare, die unbewusst eine Situation miteinander herstellen, die passend für sie ist. Wir stellen hier eine Weisheit fest, die die Paare selbst gar nicht so wahrnehmen. Schwierig wird es jedoch, wenn dieses Agreement wie bei diesem Paar durch eine plötzliche Veränderung der Situation brüchig wird. Beide sind durch die Umstände mit einem Mal so sehr aus der Bahn geworfen, dass die Partnerschaft leidet. Sie entdecken plötzlich ganz viel Trennendes. Es hagelt Missverständnisse. Die Zuneigung scheint abgestorben. So besprechen wir in einer Beratungsstunde mit dem Paar einen zwischen ihnen stattgefundenen Streit, der an Banalität kaum zu überbieten ist. Aber für beide eröffnen sich plötzlich Grundsatzfragen. So als wäre die Partnerschaft schon immer auf Lug und Trug aufgebaut.

Bei diesem Paar klärte sich die Situation recht schnell, denn die Frau fand recht bald wieder eine Arbeit. Das bisherige Agreement konnte wiederhergestellt werden. Doch natürlich birgt solch eine Partnerschaftsepisode Gefahren. Es hätte in diesem einen Jahr so viel an Vertrauen kaputtgegangen sein können, dass auch die Herstellung der ursprünglichen Konstellation nicht heilend gewirkt hätte.

Daher war es gut, dass das Paar Hilfe suchte. Denn uns vermittelte sich auch in ihrer Krisensituation keinesfalls ein Paar, das gegeneinander lebt. Aber beide, insbesondere die Frau, waren so aus der Bahn geworfen, dass sie beinahe alles hingeschmissen hätten.

Die stützende Reflexion ihrer Partnerschaft in der Paarberatung war hilfreich, das Verbindende und auch das Begrenzende zu erkennen. So konnte das Paar reifen. Wenn dieser Prozess gelingt, dann sind kritische Lebensereignisse eine echte Chance. Allerdings gibt es dafür keine Garantie. So ein Einschnitt kann, selbst wenn er nur vorübergehend ist, durchaus das innere Gefüge des Paares beschädigen.

Häufig kommt es vor, dass kritische Lebensereignisse zu dauerhaften Veränderungen führen. Dann geht es nicht darum, das bisherige Miteinander zu bewahren, sondern zu einer neuen Bezogenheit zu gelangen. Die Partnerschaft muss sich verändern. Das zeigt sich beispielhaft an dem Mann mit der Erkrankung. Es kann nicht so weitergehen, wie bisher. Das Leben mit seiner Frau muss neu gestaltet werden, da sich an den Grundlagen ihres Zusammenseins Entscheidendes getan hat.

Eine Partnerschaft, die bis zu diesem Zeitpunkt gut funktionierte, gerät plötzlich aus den Fugen. »Es lief doch alles gut bei uns. Wir verstehen nicht, warum das nun nicht mehr so ist.«, klagen Paare in diesen Situationen häufig. Die Antwort ist in den meisten Fällen recht einfach: Es geschah etwas, was das ursprünglich eingespielte Miteinander durcheinandergebracht hat.

Da es sich dabei öfter um gewünschte oder auch als normal empfundene Ereignisse handelt, werden sie vielleicht gar nicht als der Anlass für die Paarkonflikte wahrgenommen. Typisch hierfür ist der Auszug der Kinder, wenn das Paar nach vielen Jahren des eingespielten Familienlebens plötzlich wieder auf sich allein angewiesen ist.

*Ein Paar kommt zu uns und spricht über den letzten Urlaub.*
*Nach vielen Familienurlauben war der jüngste Sohn nicht*
*mehr mitgefahren. Er ist jetzt sechzehn und auch die Eltern*
*sahen die Zeit gekommen, dass er nun mit Freunden weg-*
*fährt. Auf diesen Urlaub hatten sich die Eltern lange gefreut.*
*In all den Jahren war es immer so, dass die Eltern lieber ein-*
*fach nur am Strand gelegen hätten, aber mindestens eines der*
*Kinder kam und fragte: »Was machen wir jetzt?« Doch nun,*
*als die Zeit der elterlichen Freiheit endlich eingetroffen ist,*
*verleben beide einen eher schlimmen Urlaub. Sie streiten*
*sich, sind lustlos, missmutig und reisen am Ende noch ein*
*paar Tage eher wieder zurück.*

Auch dieses Paar steht in der Gefahr, ins Grundsätzliche
und ins Gegeneinander abzurutschen. Denn ihr Gefühl ist,
dass sie beide miteinander nichts anzufangen wissen und es
ohne die Kinder nicht geht. Und es kann natürlich sein,
dass dem wirklich so ist. Paare können sich über die Jahre
als Paar verloren haben und nur noch als Eltern funktionieren. Dennoch ist hier Vorsicht geboten, denn das Empfinden der beiden könnte auch mit dem aktuellen Lebensereignis zu tun haben. Dann stünden sie vor der Aufgabe,
diese Veränderung zu meistern und ein neues Gleichgewicht in ihrer Beziehung herzustellen.

Wir spüren in den Paarberatungen meist recht schnell,
ob sich die beiden, die uns gegenübersitzen, bei allen
Schwierigkeiten wohlwollend zueinander verhalten oder
ob da über die Zeit mehr zerstört wurde. Im ersten Fall
geht es darum, die aktuelle Situation zu verstehen und an
einem neuen partnerschaftlichen Gleichgewicht zu arbeiten. Der zweite Fall ist auch für die Paarberatung schwieriger. Denn es kann sich eine Situation entwickelt haben,

die nur schwer zu kitten ist. Es haben sich zu viele Kiesel-steine angesammelt.

An dieser Stelle muss ich jedoch erst einmal appellieren: Manches Mal ist das Empfinden des Getrenntseins größer als es der Realität entspricht. Das Gefühl, ›dass es mit dieser Frau oder diesem Mann und mit der Partnerschaft überhaupt gar nicht mehr geht‹, kann richtig sein, aber ebenso trügen, und bedarf eines Realitätschecks. Dafür und für die Anpassung an die neue partnerschaftliche Situation ist Paarberatung allemal gut und sinnvoll.

## Wenn sich die Träume (nicht) erfüllt haben

Ein kritisches Lebensereignis kann auch sein, wenn sich Träume, für die ein Paar lange gekämpft hat, erfüllt haben und beide anschließend feststellen, dass sich die Träume eben doch nicht so, wie gewünscht, erfüllten.

*Bei dem Paar läuft es eigentlich fantastisch. Zehn Jahre sind sie verheiratet, sie haben zwei Kinder. Er ist leitender Angestellter im öffentlichen Dienst, sie wurde unlängst zur Personalleiterin in ihrer Firma befördert. Jetzt ist auch noch ihr Haus fertig. Sie haben sich den Traum von den eigenen vier Wänden erfüllt.*

*Und gerade jetzt wird es in ihrer Partnerschaft schwierig. Sie fühlt sich nicht ausreichend geliebt. Das zeige sich vor allem daran, dass er sich überhaupt nicht für ihre Arbeit interessiert. Er wiederum ärgert sich, dass er selbst bei gegenteiligen Absprachen oft die Kinder übernehmen muss, da sich bei ihr »plötzlich was ergeben hat«. Er überlegt, ob er ausziehen soll und weiß nicht, wo die Reise hingeht.*

Es scheint verwunderlich, dass die Krise eines Paares gerade dann einsetzt, wenn alles glatt läuft. Doch das ist eigentlich gut zu verstehen. Beide waren sehr mit ihren ›äußeren Träumen‹ befasst, so sehr, dass sie außer Acht gelassen haben, ihr ›inneres Haus‹ zu bauen. Das heißt, in dem Moment als der Bauplatz ihres Hauses aus Stein verschwunden war, standen sie vor dem unbebauten Terrain ihres partnerschaftlichen Miteinanders. Zugegeben: Das ist zu absolut formuliert. Beide kennen sich eine ganze Weile, sind sich in vielen Dingen vertraut. Dennoch erfordert ein Hausbau in den meisten Fällen so viel Aufmerksamkeit und Energie, dass das Paar anderes vernachlässigt. Spätestens wenn das Haus dann fertig ist, treten die entstandenen Defizite wieder hervor.

Es könnte aber auch noch eine andere Möglichkeit geben, warum sich ein Paar plötzlich streitet, wenn die Belastung mit dem Hausbau wegfällt. Es könnte sein, dass sie nicht wegen des Hausbaus die Partnerschaft vernachlässigt haben, sondern dass sie den Hausbau gerade deswegen in Angriff genommen haben, um sich von ihren Konflikten abzulenken. Die äußere Ablenkung war dann notwendig, um die eigentlich kaum noch vorhandene Partnerschaft zusammenzuhalten.

Vor vielen Jahren sagte mir einmal eine alte Frau über die Familie ihres Sohnes, dass diese ihrer Meinung nach deswegen drei Kinder bekommen habe, um den entstandenen Riss in der Partnerschaft zu überdecken. Das kam mir damals eigenartig vor. Denn Kinderreichtum gilt doch als ein Zeichen der Liebe eines Paares. Aber das ist eben nicht immer so. Und so kann auch ein Projekt wie ein Hausbau begonnen werden, um von der Leere der Partnerschaft abzulenken.

Die Verwirklichung ›äußerer Träume‹ kann also sowohl die Entwicklung einer Partnerschaft behindern als auch die zuvor bereits bestehenden Probleme einer Partnerschaft überdecken. Vielleicht aus Angst vor einer Öffnung der Konflikte oder gar einer Trennung wird das Heil in einem Projekt gesucht, das das Paar über längere Zeit völlig in Anspruch nimmt.

Diese beiden Möglichkeiten, die vielleicht sogar miteinander verknüpft sein können, erfordern spätestens bei der Fertigstellung des Projektes die Auseinandersetzung mit der Partnerschaft. Das, was das Paar willentlich oder unbewusst vor sich hergeschoben hat, drängt nun umso mehr auf eine Klärung. Was will das Paar voneinander? Was verbindet die beiden, was trennt sie? Wohin soll es im Miteinander noch gehen?

Die Beschäftigung mit ›äußeren Projekten‹ verführt vielleicht, die partnerschaftliche Entwicklung zu verschieben. Aber die Probleme werden dadurch nicht gelöst. Deswegen trennen sich immer wieder Paare, die bereits viele Jahre zusammenleben und eigentlich längst wissen, was sie voneinander haben (können). Andere beginnen schnell und hastig das nächste Projekt, um nicht zum Durchatmen und Nachdenken zu kommen. Oder aber die sich eröffnende Chance des kritischen Lebensereignisses wird genutzt, um das Miteinander voranzubringen. Es wird Sie nicht verwundern, dass ich diese dritte Möglichkeit als den reifsten Schritt ansehe.

Es kann übrigens noch einen weiteren Grund geben, warum Paare ein gemeinsames Projekt beginnen. Der ist jedoch kein Zeichen einer schwierigen Partnerschaft, sondern spiegelt eher Normalität wider. Denn es ist immer ein wenig Illusion, anzunehmen, ein Paar genüge sich in allen Belangen. Im Grunde braucht eine Partnerschaft Projekte, die über das ›schlichte Händchenhalten‹ hinausgehen. Oft sind es die Kinder, die einer Partnerschaft Sinn geben und den Alltag tragen lässt. Es kann auch eine gemeinsame Arbeit, ein gemeinsames Ehrenamt, ein gemeinsames Hobby oder ein gemeinsamer Hausbau sein. Für meine Frau und mich ist es zweifellos unser Paarberatungsangebot, das wir gerade dann begonnen haben, als unsere Kinder uns nicht mehr so sehr brauchten. Ein Projekt, das über das einfache Zusammensein hinausweist, ist nicht nur normal, sondern meist sogar notwendig. Deswegen laufen sich Partnerschaften, die allein auf unverbindlichem Spaß beruhen, mit der Zeit tot. Es fehlt die Entwicklung zum Zueinander.

Wenn also ein Paar zu uns in die Paarberatung kommt und dabei auch von gerade abgeschlossenen Projekten spricht, ist für uns Berater erst einmal abzuwarten, welche der drei Varianten für das vor uns sitzende Paar am ehesten zutrifft. Denn die richtigen Antworten auf die momentanen Schwierigkeiten können sehr unterschiedlich ausfallen. Sie können ebenso die Warnung vor einem neuen Projekt beinhalten als auch gerade das raten. In jedem Fall aber geht es um die Integration ›äußerer Träume‹ in die Seele der Partnerschaft.

## Die Zukunft in den Blick nehmen

Zum Abschluss des Abschnitts »Gute Gründe, in eine Paarberatung zu gehen« möchte ich ein Thema ansprechen, das für viele auf den ersten Blick ungewöhnlich erscheinen mag, doch das uns dennoch erstaunlich oft begegnet. Es geht darum, bereits am Anfang einer auf Dauer angelegten Beziehung die Konsequenzen gemeinsamer Entscheidungen für das spätere Leben in den Blick zu nehmen.

*Ein Paar hat gerade seine Silberhochzeit hinter sich, ein Kind ist bereits ausgezogen, ein anderes steht kurz vor dem Abitur. Als sie sich kennenlernten, schien es die perfekte Partnerschaft. Er war bereits Anfang vierzig, sie war fünfzehn Jahre jünger. Während sie bei ihm Sicherheit finden und sich anlehnen konnte, freute er sich über seine junge, attraktive Frau, die ihm zudem im Haushalt und bei den Kindern den Rücken freihielt. Er war der Macher, sie war die Mitmacherin, die bereitwillig ein wenig zurückstand. Trotzdem hatte sie, als die Kinder in den Kindergarten gingen, eine sie befriedigende Arbeit in der Buchhaltung einer Firma gefunden. Mit der beschriebenen Rollenaufteilung waren beide einverstanden.*

*Ihre heile Welt löste sich auf, als die Kinder groß wurden. Die Frau widmet sich nun stärker ihrer Arbeit und verbringt zunehmend Zeit mit ihren Freundinnen. Der Mann dagegen steht mit jetzt Mitte sechzig kurz vor der Pensionierung. Dabei wurde ihm klar, dass er achtzig sein wird, wenn seine Frau ihrerseits in Rente geht.*

*Sie hatte ihm zu verstehen gegeben, dass sie keinesfalls früher zu Hause bleiben wird. Das erschütterte ihn, weil damit sein Traum von einem schönen und gemeinsamen Lebensabend zerplatzte. Er wurde missmutiger, resignierter, aufbrausender. Sie dagegen grenzte sich umso mehr ab. Schließlich verliebte sie sich in einen Arbeitskollegen, mit dem sie – zumindest bis zum Beginn der Paarberatung – nichts wirklich anfing. Aber sie erzählte ihrem Mann von ihren Gefühlen dem anderen gegenüber, was ihn noch mehr in Panik versetzte.*

*Der Mann erzählte, dass er immer so stolz war, eine viel jüngere und noch dazu schöne Frau zu haben. Das war für ihn Zeichen von Stärke und Potenz. In seiner Vorstellung zählte er sich zu den Gewinnern und genoss den Neid der anderen. Doch nun empfindet er sich als Loser, während die Frau die Starke zu sein scheint. Daher wendet er sich an uns. Wir sollen ihm zeigen, wie es weitergehen kann. Zugleich nimmt er alle Schuld auf sich und hofft, so seine Frau zum Bleiben zu bewegen.*

Natürlich haben sich beide gemeinsam in diese Konstellation gebracht. Es war nicht so, dass der Mann allein die Ausgangssituation bestimmt hat. Auch für die Frau war das Agreement recht bequem. Dennoch kann weder er noch können wir die Frau jetzt unter moralischen Druck setzen. Aus ihrer Sicht lässt sich sagen, dass sie ihren Mann lange gebraucht hat, aber das nun eben nicht mehr der Fall ist.

Der Mann leidet sichtlich. Er steht zu Beginn seiner Rente allein da. Wie will er die nächsten Jahre verbringen? Ihm wurde klar, dass er vielleicht krank oder gar tot ist, wenn die Frau aus ihrem Berufsleben ausscheidet, selbst wenn sie jetzt bei ihm bleibt. Seine Träume vom vielen Reisen und einem gemeinsamen Rentnerleben lösen sich auf. In der aktuellen Lebensgestaltung und auch im Verlieben zeigt sich, dass seine Frau in einer ganz anderen Lebensphase ist.

Bereits die nüchternen Fakten zeigen, dass sich beide an völlig unterschiedlichen Stellen ihrer Lebenskurve befinden. Während der Mann seinen Ruhestand in den Blick nimmt beziehungsweise nehmen muss, startet die Frau noch einmal durch. Sie ist gerade befördert worden und genießt die berufliche Anerkennung. Sie geht von noch mindestens fünfzehn Jahren Berufstätigkeit aus. Das allein ist für sich schon problematisch. Als ich mir das vor Augen führe, bin ich froh, dass meine Frau und ich etwa gleichalt sind und somit auch die Zeit nach dem Berufsleben gemeinsam in den Blick nehmen können.

Aber natürlich offenbart sich in dieser Situation auch, wie das Paar bisher zusammengelebt hat. Das Band, das sie am Anfang ihrer Beziehung geknüpft hatten, bestand offensichtlich weniger in liebevoller Zuneigung als mehr in der Trophäe, die der Eine für den Anderen bedeutete. Der Mann konnte sich mit einer schönen Frau schmücken, die ihm auch noch ergeben zu sein schien. Die Frau fand bei ihm Halt und konnte sich in seiner Stärke sonnen.

Solche Paare kennt vermutlich jeder – und sei es aus der Klatschpresse. Es ist eine narzisstische Partnerschaft, die so lange glänzt, bis ihre Strahlkraft nachlässt. Ihr fehlt zweierlei. Als erstes der Wunsch nach innerer Verbundenheit, nach dem Willen, sich auch im Herzen näher zu kommen. Und als zweites der Blick für die Realität. Die entscheidende Frage ist doch, was geschieht, wenn das Leben fortschreitet und die Grandiosität des Anfangs nachlässt. Ein Paar, das in Zuneigung verbunden ist, wird sicher auch schwierige Lebenskonstellationen meistern können. Aber das entscheidet sich eben nicht erst, wenn diese auftreten.

Wenn zwei Menschen zusammenkommen, spielen viele weitergehende Fragen zunächst keine Rolle. Wenn sie für drei Monate oder ein Jahr ein Paar bleiben, brauchen sie sich um vieles auch keine Gedanken machen. Bei Schwierigkeiten gehen sie einfach auseinander. Doch die meisten Menschen wünschen sich, dass ihre Partnerschaft möglichst lange Bestand hat. Auch die Beziehungen, die auseinandergehen, sollten in den meisten Fällen für immer halten. »Bis dass der Tod euch scheidet!«

Es ist daher wichtig, auch schon zu einem frühen Zeitpunkt die Zukunft in den Blick zu nehmen und zu überlegen, wie es aussehen kann, wenn gemeinsam neue Lebensabschnitte erreicht werden. Es lässt sich selbstverständlich nicht alles vorwegnehmen. Aber so ein paar Grundvorstellungen sollten schon besprochen werden. Wenn beispielsweise eine Frau aus Russland bereits vor der Eheschließung sagt, dass sie nach ihrem Berufsleben auf jeden Fall wieder in ihre sibirische Heimat zurückkehren möchte, ihr Mann sich das aber überhaupt nicht vorstellen kann, dann muss das besprochen werden. Natürlich ist die Versuchung groß, dieses Thema wegzuschieben. Es sind anfänglich immerhin noch mehr als dreißig Jahre hin und bis dahin fließt viel Wasser die Wolga hinab. Aber als dieses Paar zu uns in die Paarberatung kam, waren es dann nur noch drei Jahre bis zur Rente. Und plötzlich wurde das Thema drängender. Zugleich beharrten beide weiterhin auf ihren Positionen.

Es lässt sich selbstverständlich sagen, dass die Zeit schon eine Entscheidung herbeiführen wird – notfalls durch die Trennung der beiden. Aber was sagt das eigentlich über die Partnerschaft aus, wenn Probleme einfach ausgesessen werden? Und die Paare, die an diesen Punkt kommen, sind meist verbittert darüber, dass die Partnerschaft sie am Ende nicht mehr trägt.

Auch hier möchte ich also dafür plädieren, möglichst zeitig Hilfe in Anspruch zu nehmen und zumindest eine gemeinsame Haltung zu entwickeln.

Das russisch-deutsche Paar konnte sich letztlich verständigen. Sie wollten auch in der Rente in Deutschland bleiben. Gegen jährliche, längere Aufenthalte in ihrer Heimat hatte er wiederum nichts. Das gemeinsame Leben war ihnen am Ende wichtiger.

# Zwei Leben in einer Partnerschaft

## Ich bin anders – du auch

In den bisher vorgestellten Beispielen klang es bereits an: Die Probleme, die in einer Partnerschaft auftauchen, haben eigentlich immer damit zu tun, dass zwei Menschen mit unterschiedlichen Erfahrungen, Lebenshaltungen und Partnerschaftsvorstellungen aufeinandertreffen. Das ist recht einfach nachzuvollziehen. Aber die Konsequenzen für die Gestaltung einer Paarbeziehung sind tiefgreifend. Im besten Fall ergänzen sich die beiden und bilden ein gutes Team. Im ungünstigsten fliegt alles schnell wieder auseinander. In den meisten Fällen aber entsteht ein Mix aus gegenseitigem Guttun, Missverständnissen und Enttäuschungen. Bei Paaren, die in die Paarberatung kommen, haben meistens die Missverständnisse und Enttäuschungen das Übergewicht. Und das ist letztlich immer eine Folge der unterschiedlichen Persönlichkeiten, die das gemeinsame Projekt Partnerschaft gestalten. Somit gibt es kein Thema, das in der Paarberatung so viel Raum einnimmt wie das Ringen um Verständnis, wie die beiden Menschen ticken und wie sie mit ihren jeweiligen Eigenheiten aufeinandertreffen.

*Ein Paar, beide Ende dreißig, ist nach eigener Aussage »in keiner emotional guten Beziehung«. Nach Außen stimmt alles: Kinder, Reihenhaus, gute Arbeitsstellen. Aber irgendwie finden sie nicht so richtig zusammen. Immer wenn Konflikte auftauchen, werden die nicht ausgetragen, sondern totgeschwiegen. Nach ihren Aussagen können sie sich schon mal eine Woche oder gar länger anschweigen.*

*Auffällig ist, dass beide jeweils ganz unterschiedliche ›Geschichten‹ für ihr schwieriges Verhältnis erzählen. Während der Mann glaubt, dass die Konflikte mit ihrem Mutterschaftsurlaub begannen, streitet das die Frau vehement ab. Sie hätten sich schon zuvor nicht so gut verstanden. Es war immer so ein Misstrauen dem anderen gegenüber da. Eskaliert sei es dann aber, als der Mann ein Auto gekauft hat, ohne mit ihr darüber zu sprechen. Sie waren sich zuvor zwar einig, dass sie ein neues Auto benötigen und der gekaufte Wagen war auch nicht schlecht. Aber sie hätte bei so einer großen Ausgabe lieber mitentschieden.*

Solch ein Beispiel ist typisch für die Paare, die eine Paarberatung aufsuchen. Die Konflikte in einer Partnerschaft haben immer mit dem konkreten Verhalten der konkreten Menschen in einer konkreten Situation zu tun. Doch hinter den konkreten Themen verbergen sich die grundsätzlichen. Der Mann kauft ein Auto, ohne sich mit der Frau abzustimmen. Sie stellt ihn zur Rede, weil sie sein Verhalten gegen sich gerichtet empfindet. Der Mann wiederum ist erschrocken über die Eskalation, da er »doch nichts Böses gewollt« hat. Beide können sich jetzt lange streiten und zu keiner Einigung gelangen. Die Frau weiß nicht, wie sie ihm noch weiter vertrauen kann. Der Mann findet, dass die Vorwürfe zu heftig sind.

Eine Beruhigung der Situation scheint erst dann erreichbar, wenn der Mann sich für sein Verhalten entschuldigt oder die Frau ihren Ärger einfach beiseitelegt. Aber auch dann könnte der Streit im Untergrund noch weiter grummeln. Der Mann könnte sich trotz seiner Entschuldigung ungerecht behandelt fühlen, während die Frau ihr Misstrauen nie mehr gänzlich überwindet. Und immer mal wieder flammt der Konflikt auf und wird bei passender Gelegenheit gegeneinander verwendet. Das kann über Jahre so gehen. Wir haben Paare erlebt, die noch nach zwanzig Jahren von Streitereien berichten, als seien sie gestern geschehen. Es wäre daher für das weitere Paarleben wichtig, wenn diese Auseinandersetzung wirklich beiseitegelegt werden kann und keiner mehr dem anderen grollt. Doch wie soll das gelingen?

Es gibt eigentlich nur einen Weg: Die Situation, die zu diesem Streit geführt hat, muss wirklich verstanden werden. Es geht nicht darum, dass einer von beiden einfach so nachgibt. Vielmehr braucht es einen partnerschaftlichen Prozess des gegenseitigen Verstehens und letztlich der Akzeptanz, dass der andere anders ist und in den allermeisten Fällen nicht gegen den Partner handelt – zumindest nicht seiner Absicht nach.

Das aber ist den meisten Menschen in einer Partnerschaft nur schwer möglich. Denn jeder bezieht das Verhalten des anderen auf sich und meint, der andere wolle absichtlich gegen ihn handeln. So ist die Frau in unserem Beispiel fest davon überzeugt, dass der Mann das Auto *gegen* sie gekauft hat. Sie glaubt, er habe sie bewusst außen vorgelassen, um sie zu ärgern, sie vielleicht zu demütigen oder gar in die Knie zu zwingen. Doch das ist, wie sich im weiteren Beratungsverlauf herausstellt, eine falsche Annahme. Er hat es nicht gegen sie getan, sondern war in einer eigenen Logik unterwegs, als er sich für den Autokauf entschied. Das mag ja eine Logik sein, die weder von der Frau, noch von Ihnen als Leser sofort nachzuvollziehen ist. Aber dennoch hat der Mann das Auto nicht gekauft, um die Frau zu ärgern. Umgekehrt entwickelt der Mann die Vorstellung, seine Frau wolle ihn nur gängeln und ihm Vorschriften machen. Auch er hat das Gefühl, dass sie ihn in die Knie zwingen will. Aber mit diesem Empfinden nimmt er nicht wahr, wie sehr sich die Frau getroffen fühlt. Auch sie ist in ihrer eigenen Logik unterwegs und ihre Reaktion hat erst einmal nichts mit einem Machtkampf zu tun.

Sicher gibt es manchmal Paare, die sich bewusst gegenseitig schaden wollen. Aber dann liegt das daran, dass die Partnerschaft bereits zerstört ist. Doch selbst die berühmtberüchtigten Rosenkriege finden ihren Ausgangspunkt selten in bewussten Strategien, den anderen möglichst effektiv zu schaden. Die Eskalation liegt meist in einer Interpretation des Handelns des andern als gegen sich gerichtet, dem dann mit einer ›angemessenen‹ Antwort entgegenzutreten ist.

Die erste Anforderung, vor der jeder steht, der sich in seiner Partnerschaft weiterentwickeln möchte, besteht demnach in der Akzeptanz, dass die Annahme, der andere handelt bewusst und zielgerichtet gegen ihn, falsch ist – auch wenn sie sich erst einmal so *anfühlt*. In diesem Punkt darf man seinen Gefühlen nicht trauen! Nur so wird es möglich, sich aus der Eskalation des Streits herauszubegeben. Und es ist die erste und wichtigste Aufgabe der Berater, dies dem Paar zu vermitteln. Es gilt, Sandkastenspiele zu verhindern, bei denen jeder der Streithähne recht haben will, aber der Streit nicht wirklich befriedet werden kann.

## Die eigene Logik

Was sich im ersten Moment kompliziert anhören mag, ist eigentlich recht einfach zu verstehen, wenn wir auf das konkrete Beispiel schauen. Der Mann kauft das Auto, ohne das mit der Frau abzusprechen, weil er ungeduldig ist und lange Diskussionen scheut. Er hat eine Meinung, welches Auto für die derzeitige Familiensituation passend und erschwinglich ist. Zugleich hat er aber wenig Zutrauen, das gegenüber seiner Frau klar und eindeutig vertreten zu können. Vor allem ist er ihr gegenüber misstrauisch, »weil sie immer alles zerredet und wir letztlich zu keiner Einigung kommen«. Diese Erklärung ist keine Entschuldigung für sein Verhalten. Dennoch zeigt sie, dass seine Absichten nicht wirklich gegen die Partnerschaft gerichtet waren. Im Gegenteil, er wollte das Beste für seine Familie.

Auffällig ist sein geringes Zutrauen in seine Überzeugungskraft und sein Misstrauen seiner Frau gegenüber. Hier entdecken wir das, was ich am Anfang des Kapitels als die »eigene Persönlichkeit« bezeichnete. Denn weder sein geringes Zutrauen noch das Misstrauen gegenüber der Frau haben ursächlich mit der Partnerschaft zu tun. Es sind Erfahrungen, die der Mann aus früheren Zeiten, zumeist der Kindheit, mitbringt.

Eltern wollen ihren Kindern in den allerseltensten Fällen Schlechtes antun und ihnen schaden. Dennoch ist keine Mutter, ist kein Vater so vollkommen, dass sie es eben nicht auch tun. Die Eltern sind für die Kinder die ersten Bezugspersonen und damit prägendste Beziehungserfahrung. Sie geben ihnen natürlich Gutes mit. An das erinnern sich die meisten Menschen auch gern. Aber die Eltern sind eben zugleich begrenzt und zu oft in ihrer eigenen, erwachsenen Welt unterwegs. Sie sind dann unaufmerksam für die Bedürfnisse und Seelennöte ihrer Kinder. Sie missdeuten deren Gefühlsregungen und haben ihre eigenen, festgefügten Erwartungen an sie, auch wenn sie sich dessen selbst nicht so bewusst sind.

Es gibt keinen Menschen, der nicht auch Verletzungen aus seiner frühen Lebensgeschichte in sich trägt, von denen niemand sonst etwas weiß und die er vielleicht auch vor sich selbst verbergen möchte. Zumal die entscheidenden, besonders prägenden Jahre die ersten drei sind, an die man sich in der Regel nicht erinnern kann. Die Potenziale, die ein Mensch aus seiner Kindheit mitbekommt, aber auch die Verletzungen und Begrenzungen beeinflussen ihn dagegen sein gesamtes Leben. Sie äußern sich in den ganz eigenen Sichtweisen auf die Welt und auf andere Menschen. Es sind die Vorstellungen, dass andere so und nicht anders auf sie reagieren. Und das ist die Hoffnung an den Partner, dass sich die Seelennöte endlich einmal durch seine Liebe heilen ließen.

Wenn zwei Menschen aufeinandertreffen, um ein Partnerschaftsprojekt zu beginnen, dann bringen sie ihre guten Beziehungserfahrungen mit, aber eben auch ihre Verletzungen und die Hoffnung, von ihnen geheilt zu werden. Das prägt das Partnerschaftserleben unausweichlich. Das ist an sich auch nicht schlimm, im Gegenteil. Denn Partnerschaften bieten nun wirklich die Chance, in der Persönlichkeit zu wachsen und die Verletzungen nicht mehr so bestimmend im eigenen Leben sein zu lassen. Aber dafür müssen die eigenen Prägungen bewusst sein und von der

Vorstellung Abschied genommen werden, der Partner könnte die eigene Seele heil machen.

Was ich hier schildere ist ein Gesetz menschlichen Lebens. Ich bin mir daher sicher, dass diejenigen, die davon überzeugt sind, eine rundherum glückliche Kindheit erlebt zu haben, noch nicht so genau hingeschaut haben.

In unserem Beispiel wird die Tatsache, dass zwei Persönlichkeiten mit ihren ganz eigenen Prägungen in der Partnerschaft aufeinandertreffen, sehr schön deutlich. Beide begegnen sich mit einem recht großen Misstrauen, das ihre Partnerschaft stark belastet. Im Beratungsverlauf wurde deutlich, dass sie ihr Misstrauen anderen Menschen gegenüber bereits in die Partnerschaft mitgebracht hatten. Auch in anderen Beziehungen waren sie schon immer eher abwartend und skeptisch und rechneten von vornherein mit unguten Erfahrungen. Es war nur meist nicht ganz so offensichtlich wie in der Partnerschaft.

Durch unser Nachfragen kam ans Licht, dass die Ursprünge in der familiären Sozialisation zu finden waren. So berichtete der Mann, dass in seiner Ursprungsfamilie nie gestritten wurde. Dennoch war die Atmosphäre oft spannungsgeladen. Als Kind spürte er so etwas wie ›dicke Luft‹. Er konnte es nur nicht richtig verstehen und fühlte sich oft angespannt. Er versuchte dann als Kind, sich dieser spannungsgeladenen Atmosphäre zu entziehen, zum Beispiel, indem er vieles, was ihn beschäftigte, für sich behielt.

Die zentrale Kindheitserfahrung der Frau wiederum war, dass sie sich auf niemanden verlassen konnte. Die Eltern waren mit sich und ihrer Arbeit beschäftigt. Sie empfand sich bei allem selbstverständlichen Versorgtwerden als Anhängsel. Als Erwachsene nun trafen sie mit diesen

Erfahrungen aufeinander. Einerseits passte es, denn beide hatten gelernt, Einzelkämpfer zu sein und kamen für sich gut im Leben zurecht. Doch auf der anderen Seite fehlte ihnen die Erfahrung eines verlässlichen Miteinanders.

Mit diesen Prägungen gingen sie in die Partnerschaft und sie bestimmten sie in zweierlei Weise. Zum einen wünschte sich jeder für sich endlich eine vertrauensvolle, offene Beziehung zu erleben. Das, was sie in ihrer Kindheit so schmerzlich vermisst hatten, sollte sich nun erfüllen. Auf der anderen Seite aber waren sie misstrauisch und sensibel für all das, was ihre Erfahrungen aus der Ursprungsfamilie bestätigte.

Das Fatale in Partnerschaften ist, dass die Beteiligten fast zwangsläufig die Erwartung haben, der andere müsse für die Heilung der eigenen Seele sorgen. So möchte die Frau vom Mann die Bestätigung bekommen, dass sie für ihn wichtig ist. Der Mann wiederum möchte, dass die Frau ihm zugewandt ist und er sich in ihrer Nähe entspannen kann. Beide Wünsche lassen sich einerseits verstehen, denn was ist daran falsch, wenn sich Partner gegenseitig guttun. Jedoch gibt es an dieser Stelle gleich zwei Haken. Der eine besteht darin, dass die Erwartungen – so vernünftig sie scheinen mögen – überzogen sind. Denn in der Tiefe möchten sie eben nicht nur vom Partner gut und freundlich behandelt, sie möchten damit zugleich von ihren alten Wunden geheilt werden. Die Frau möchte ihre Kindheitserfahrung, nicht wirklich wichtig zu sein, endlich überwinden. Der Mann möchte einmal ohne Spannungen leben. Von diesen grundsätzlichen Prägungen aber kann kein Mensch geheilt werden. Und die Erwartungen überfordern jede Partnerschaft und vergiften sie damit. Zumal – und das ist der zweite Haken an der Sache – beide eine Menge dafür tun, die alten Erfahrungen auch in der Partnerschaft immer wieder zu erleben. Indem der Mann das Auto ohne Absprache mit der Frau kauft, provoziert er die Spannungen, die er eigentlich vermeiden möchte. Indem die Frau sich so verhält, dass der Mann ihren permanenten Einwänden ausweichen muss, fühlt sie sich von ihm nicht ernst und wichtig genommen. Ich hatte das in meinem Buch »Partnerschaft ist einfach« augenzwinkernd als »Passneurose« beschrieben, weil die beiden mit dem, was sie an Persönlichkeit in die Partnerschaft mitbringen, sehr gut zueinander passen. Aber das gilt eben nicht nur für die guten Seiten, sondern eben auch für die, die eine Partnerschaft belasten.

Darin liegt jedoch zugleich eine Chance. Wenn sich die beiden Partner durch ihre Beziehungsgestaltung auf den Weg begeben, die eigenen Prägungen, Ängste und Hoffnungen zu verstehen und diese dann in die eigene Verantwortung zu nehmen, dann können beide gemeinsam – gerade, weil sie so gut zusammenpassen – im beiderseitigen Verstehen eine freundliche und lebendige Partnerschaft entwickeln. Es geschieht keine Heilung der alten Verletzungen. Das gibt es nicht. Aber gemeinsam können sich die Partner helfen, über die alten Erfahrungen zu trauern und zugleich neue zu machen. Denn natürlich ist die Frau in unserem Beispiel für ihren Mann wichtig. Und natürlich können sich beide spannungsfrei begegnen. Aber dafür ist eine Entwicklung im Miteinander notwendig, die nicht nur die Partnerschaft im Blick hat, sondern die Persönlichkeiten und Logiken jedes Einzelnen.

Manchmal reicht dafür eine Paarberatung nicht. Wir empfehlen dann Psychotherapie als die Möglichkeit, sich intensiv mit der eigenen Geschichte auseinanderzusetzen.

## Noch einige Beispiele

*Der Mann ist ein erfolgreicher Unternehmensberater, der seine Karriere kontinuierlich und zielgerichtet entwickelt hat. Nach häufigem Arbeitsplatzwechsel in den vergangenen Jahren hat er nun eine Festanstellung bei einer großen Beratungsfirma gefunden und sie müssen auf absehbare Zeit nicht mehr umziehen. Doch jetzt beschwert sich seine Frau. Sie ist immer mit ihm und seinen zunächst wechselnden Anstellungen mitgezogen. Nun fragt sie, wo sie bei all dem geblieben ist. Zugleich aber berichtet sie, dass sie all die Jahre nicht arbeiten konnte, weil sie chronisch krank ist.*

Interessant ist, dass beide schildern, für den anderen jeweils Wichtiges aufgegeben zu haben. Während die Frau auf ihre realen oder auch nur vermuteten Berufschancen verzichtete, um mit ihm mitziehen zu können, war er bereit, »aus Liebe« bei der Partnerschaft erhebliche Abstriche zu machen. Wegen ihrer chronischen Erkrankung kann sie keine Kinder bekommen und zudem klagte sie in all den Jahren permanent über ihr Schicksal.

So lange sie an keinem Ort dauerhaft angekommen waren, lebten beide in der Hoffnung, dass sich die Lage erleichtern wird, wenn er endlich eine unbefristete Anstellung erhält. Jetzt, da dieses Ziel erreicht ist, wird deutlich, dass die Probleme der beiden tiefer liegen. Viel mehr als die bewusste Gestaltung der Partnerschaft war das, was beide in ihrer jeweiligen seelischen Prägung in die Partnerschaft mitbrachten, entscheidend und letztlich belastend für das Miteinander.

Die chronische Erkrankung der Frau bestand bereits in ihrer Kindheit. Die Eltern waren sehr fixiert darauf. Sie wollten ihrer Tochter am liebsten alles an Beschwerlichkeiten abnehmen und »opferten sich für sie auf«. In der Folge verlor sie zunehmend das Zutrauen, selbst etwas zustande zu bringen. Sie lernte, dass es bequem war, wenn andere ihr alles Schwere abnahmen. Andererseits aber – und wen wird das wundern? – war sie unglücklich über diese Situation, denn sie erfuhr wenig Selbstbestätigung.

Als sie ihren Mann kennenlernte, war sie fasziniert von seinen Fähigkeiten und seiner Zielstrebigkeit. Indem sie ihn bei seinen Berufsplänen unterstützte, hatte sie das Gefühl, über ihn auch selbst etwas im Leben zu erreichen. Das erwies sich erst dann als nicht mehr so tragfähig, als sie durch seine Festanstellung etwas zur Ruhe kamen. Sie fragt sich nun, was sie selbst bei all dem erreicht hat.

Der Mann wiederum hatte auch schon als Kind Erfahrungen mit einer chronischen Erkrankung machen müssen: bei seiner Mutter. Er ist mit zwei Aufträgen groß geworden. Zum einen sollte er, wenn irgend möglich, seine Mutter schonen. Und zum zweiten sollte er ihre Sonne sein. Er konnte das erreichen, indem er möglichst keine eigenen Anforderungen stellte und zugleich in der Schule und im weiteren Leben erfolgreich war. Im Zusammenleben mit seiner Frau war er beständig darauf bedacht, sie möglichst nicht zu belasten und schon gar keine Forderungen zu stellen. Wenn er doch mal wegen ihrer Meckerei grollte, hielt er seine Stimmung ihr gegenüber zurück. »Ich kann ihr das doch nicht antun.« Auch für ihn erfüllte sich die Hoffnung auf eine Verbesserung ihrer Paarsituation nicht, als sie endlich nicht mehr umziehen mussten. Stattdessen nahmen die Streitigkeiten eher zu.

*Ein anderes Paar ist schon sehr lange zusammen. Für beide ist es die erste Partnerschaft. Ihre beiden Kinder sind 17 und 14 Jahre alt. Vor einem halben Jahr hat er sich in eine Kollegin verliebt. Allerdings ist er nach eigenen Aussagen nicht fremdgegangen. Die Beziehung hat er mittlerweile beendet, weil er seine Ehe retten will. Die Frau hat ihm dennoch gedroht, dass sie auszieht, sobald die Kinder aus dem Haus sind.*

Beide kommen in die Paarberatung, weil sie ihre Partnerschaft retten wollen. Dennoch fällt auf, dass sie sich nicht offen auseinandersetzen, sondern ihre Unzufriedenheit anders ausagieren. Der Mann, indem er sich in eine andere Frau verliebt. Die Frau, indem sie mit einem Szenario droht, das einige Jahre in der Zukunft liegt. Gegen beides, das Sich-Verlieben des Partners wie die Drohung mit Auszug, kann der jeweils andere wenig tun. Sie hängen wie ein Damoklesschwert über der Partnerschaft.

Auf unser Nachfragen, wie die Konflikte in der Partnerschaft normalerweise ausgetragen werden, kommt heraus, dass sie eigentlich nie streiten. Während der Mann erzählt, dass in seiner Ursprungsfamilie Konflikte nie offen angesprochen, sondern immer totgeschwiegen wurden, berichtet seine Frau, dass ihr Vater jähzornig war und ihre Mutter wie auch ihre Geschwister immer in der Angst lebten, er könne mal wieder ›explodieren‹. Das wolle sie in jedem Fall in ihrer Partnerschaft nicht erleben. Und deswegen hat sie sich auch so einen ruhigen Mann gesucht.

So entgegengesetzt die Kindheitssituation der beiden zu sein scheint, so gleichermaßen wenig haben beide gelernt, wie Beziehungskonflikte konstruktiv ausgetragen werden können. Die Art, wie sie nun gegenseitig versuchen, den anderen zur Auseinandersetzung mit den Problemen in der

Partnerschaft zu zwingen, zeugt von keinem reifen, selbstbewussten Vorgehen. Zugleich aber lässt sich das durchaus als ein Drang nach Veränderung in der Partnerschaft verstehen. Die Kunst besteht nunmehr darin, das Agieren der beiden nicht in einen Partnerschaftskrieg münden zu lassen, sondern als den notwendigen Druck zu erkennen, konstruktiv an ihren Konflikten zu arbeiten. Da sie das nicht gelernt haben, ist es gut, dass sie eine Paarberatung aufsuchten und sich Hilfe von außen holten.

*Beim nächsten Paar hat die Frau per E-Mail eine Beratungsanfrage gestellt. Diese klang so, als ob beide Partner die Paarberatung wollen. Als sie dann aber gemeinsam zum Kennenlerntermin kommen, stellt sich heraus, dass sie ihm erst zwei Tage zuvor von der Paarberatung erzählt hat. Der Mann sagt zwar, dass er überrumpelt worden sei. Aber beide lachen darüber. Der Mann sagt: »So ist das immer. Sie managt alles und trifft die Entscheidungen. Ich habe da längst resigniert.«*

Auch hier treffen wir wieder auf eine Partnerschaftsgestaltung, die ihren Ursprung darin findet, dass zwei unterschiedliche Leben aufeinandertreffen. Die Frau ist schon immer die Macherin. Bereits als Kind musste sie vor allem allein klarkommen. Ihre Eltern waren mit sich und ihren Problemen beschäftigt. Das verschärfte sich in der Wendesituation, als in der ehemaligen DDR vieles zusammenbrach und ihre Eltern sehen mussten, wie sie die veränderten Gesellschaftsbedingungen bewältigen. Da sie kaum Zeit für das Familienleben hatten, musste sich die Frau als Kind schon früh um ihre Geschwister kümmern. So lernte sie frühzeitig, Verantwortung für alles zu übernehmen und diese Managerqualitäten brachte sie dann in die Partnerschaft ein. Der Mann dagegen erlebte zwar auch, dass seine Eltern wenig Zeit für ihn hatten. Da er aber Einzelkind war, zog er sich lieber in sich zurück. Die Erfahrung, dass sich niemand um seine Probleme kümmert, führte ihn in die Resignation, die er nun wieder in seiner Partnerschaft erlebte.

Auch hier passen beide wieder gut zusammen und ergänzen sich eigentlich hervorragend. Allerdings sind beide damit nicht zufrieden. Denn natürlich wünscht sich die Frau, dass sie nicht immer so viel Verantwortung tragen muss. Als Kind war das eine permanente Überforderung. Und diesen Wunsch bringt sie eben auch in die Partnerschaft mit. Der Mann wiederum möchte endlich mit seinen Bedürfnissen ernst genommen werden und so aus seiner Resignation herauskommen. Man merkt ihm seine Bitterkeit an, auch wenn er viel lacht. Aber seine Frau ist ebenso zu verstehen, wenn sie ihm das zum Vorwurf macht.

Es wäre eine Illusion, beide in ihrem Verhalten vollkommen umkrempeln zu wollen. Der Mann wird nie der große Macher sein und die Frau wird nie die Verantwortung völlig aus der Hand geben können. Dennoch können beide lernen, ihr Verhalten zu ändern. Und daran arbeiten wir in der Paarberatung. Beide üben unter unserer Anleitung mit kleinen Schritten neue Verhaltensformen ein. Der Mann übernimmt in fest umrissenen Aufgaben die Verantwortung und die Frau ist gefordert, sich ihm darin zu überlassen. Was so möglich wird, ist sicher nicht das Paradies, aber dennoch entspannende Erfahrungen für das Paar. Voraussetzung jedoch ist, dass beide den Ursprung ihres Verhaltens verstehen und ihn nicht dem Partner vorwerfen. So wird Partnerschaftsentwicklung möglich.

# Wenn Gefühle trügen

Da jedes Paar aus zwei verschiedenen Persönlichkeiten besteht, gibt es in aller Regel mehrere Themen, an denen sie sich reiben. In die Paarberatung kommen sie jedoch zumeist mit *dem* zentralen Konfliktthema. An diesem arbeiten wir, versuchen das Problem zu verstehen, arbeiten an einem Verständnis der frühen Geschichte und entwickeln daraus Schritte, die den Konflikt allmählich entspannen können. Dieses zentrale Konfliktthema ist natürlich nicht alles, was das Paar beschäftigt, aber es eröffnet meist das ganze Problemfeld. Das erste Paar im vorhergehenden Abschnitt, bei dem beide das Empfinden haben, eigene Interessen für den anderen aufzugeben, steht vor der Aufgabe, die Vorwürfe gegenüber dem anderen zu lassen und stattdessen das Eigene zu entwickeln. Das zweite Paar muss gemeinsam lernen, sich konstruktiv zu streiten und damit der gegenseitigen Entfremdung entgegenzuwirken. Der Mann des dritten Paares sollte lernen, mehr Verantwortung für die Partnerschaft zu übernehmen, während die Frau mehr loslassen muss. Beide können sich dabei helfen.

Weitere häufig anzutreffende zentrale Themen sind Machtkämpfe, die immer ein Ausdruck früher Ohnmachtserfahrungen sind, aber auch alle möglichen Formen von Enttäuschungen. Besonders auffällig sind zudem Vorwürfe von Verletzungen, die der Partner zu verantworten hätte. Dabei finden reale Verletzungen in einer Partnerschaft sehr selten statt. Häufig geschieht jedoch gerade in einer Partnerschaft, dass seelische Verletzungen, die aus Kindheitserlebnissen herrühren, angerührt, quasi aktiviert werden. Das fühlt sich für den »Verletzten« so an, als würde die Verletzung gerade erst geschehen. Dabei lag sie zuvor im Verborgenen und wurde durch das gegenwärtige Ereignis nur angerührt, als würde ein Finger in eine offene Wunde gelegt.

Das geschieht in einer Partnerschaft sehr häufig, weil es eine nahe Beziehung ist. Zudem kennen sich Paare sehr gut und die Verlockung ist groß, in einem Streit dieses Wissen – ob bewusst oder unbewusst – für den eigenen Vorteil anzuwenden. Daraus kann sich dann eine Eskalationsspirale entwickeln, die manchmal sogar zu körperlicher Gewalt führt. Dass das nicht zu rechtfertigen ist, versteht sich von selbst.

Aber gerade dann, wenn sich einer oder beide verletzt fühlen, braucht es ein Verständnis der eigenen Biografie. Das kann einerseits helfen, die eigenen seelischen Wunden kennenzulernen und selbst für ihren Schutz Sorge zu tragen. Zum anderen kann ein offener Austausch beider Partner über die verletzten Seiten der eigenen Persönlichkeit zu einem achtsameren Umgang miteinander führen. Das jedenfalls wäre ein wichtiger Schritt in der Entwicklung einer guten Partnerschaft.

Häufig macht einer dem anderen den Vorwurf, man könne in der Partnerschaft nicht so sein, wie man wirklich ist. Auch hier hören wir sofort eine ›Kindheitsgeschichte‹. Denn natürlich gestalten die Partner ihr Miteinander in eigener Verantwortung und es macht immer einen Sinn, dass es so ist, wie es ist. Das gilt selbst dann, wenn Entscheidungen vor allem dem anderen überlassen werden. Aber vielleicht hat derjenige, der das Gefühl hat, in der Partnerschaft nicht so sein zu können, wie er in Wirklichkeit ist, genau diese Erfahrung in seiner Kindheit gemacht. Jetzt hat er – gemeinsam mit seinem Partner – die Beziehung so gestaltet, dass er wieder dieses Gefühl hat. Dabei hatte er doch Hoffnung, dass sich das in seiner Partnerschaft einmal ändert.

Bei fast allen Problemen in einer Partnerschaft sind die mitgebrachten, unterschiedlichen Erfahrungen, Verletzungen und Hoffnungen die Ursache. Diese sind am Anfang vielleicht nicht so spürbar und zeigen sich erst allmählich. Oft kommen sie durch kritische Lebensereignisse endgültig ans Licht.

Die Kunst der Partnerschaft besteht darin, diese Schwierigkeiten eben nicht dem anderen zum Vorwurf zu machen. Vielmehr sollte davon ausgegangen werden, dass sie einen Sinn haben, der entdeckt werden möchte. Unter diesem Blick können die Schwierigkeiten sogar als Freunde der Partnerschaft betrachtet werden. Denn sie zeigen die dunklen Flecken, die noch nicht richtig angeschaut wurden. Die Vision dabei ist, dass eine gemeinsame Entwicklung als Paar möglich wird. Das setzt aber natürlich voraus, dass beide daran ein Interesse haben und bereit sind, die eigene Verantwortung zu übernehmen. Ansonsten muss jeder selbst sehen, wie er diese Entwicklungsmöglichkeiten zumindest für sich selbst nutzt.

Paarberatung kann dabei eine gute, manchmal notwendige Hilfe sein. Denn es ist schwer und erfordert bereits sehr viel Selbsterkenntnis, die aufkommenden Gefühle vom Partner zu distanzieren und in die eigene Verantwortung zu nehmen. So berechtigt die eigenen Empfindungen immer sind, so sehr neigen wir dazu, sie an den falschen Situationen und anderen Menschen festzumachen. Und dafür eignen sich Partnerschaften eben besonders.

## Paarberatung als Auslöser für eigene Kindheitserinnerungen

Wenn ein Paar beschließt, eine Paarberatung aufzusuchen, dann verknüpft es damit zumeist ganz konkrete Erwartungen. Es möchte das Miteinander besser gestalten, vielleicht möchte es auch Klarheit bekommen, ob nicht doch eine Trennung besser wäre. Mit dieser Intention stimmt das Paar in aller Regel auch mit dem Angebot der Berater überein. Unstimmigkeit zwischen beiden Seiten gibt es vielleicht über den Weg. Die Paare möchten sehr oft, dass es schnell, unkompliziert und ohne schmerzhafte Selbsterkenntnis geht. Die Berater müssen mit ihnen daran arbeiten, das Illusorische dieser Erwartung aufzudecken.

Ab und an gibt es jedoch auch ein Anliegen des Paares, das eine ganz andere Dimension als die des partnerschaftlichen Miteinanders betrifft und das dem Paar anfangs nicht einmal selbst bewusst ist. Es wird dann erst im Beratungsverlauf deutlich, worum es neben all den angesprochenen Partnerschaftsthemen auch noch geht. Das ist nicht so oft der Fall, zeigt aber, dass die Berater immer offen für Unerwartetes sein müssen.

*Ein Paar kommt schon eine ganze Weile zur Beratung. Der Prozess verlief nicht ungewöhnlich. Es ging um die schwierige Kommunikation zwischen ihnen, um Streitpunkte, die immer wieder auftauchen, um Missverständnisse und gegenseitige Ärgernisse und so fort. Wir arbeiteten mit ihm auch daran, die Prägungen der Kindheit zu verstehen. Es wurden neue Handlungsweisen im Miteinander entwickelt und das*

*Paar erprobte diese als Hausaufgabe für die nächste Stunde. So weit, so normal.*

*In einer Stunde aber fängt der Mann unter Tränen an zu berichten, dass er in seiner Kindheit von seinem Stiefvater sexuell missbraucht wurde. Er hatte das über Jahre beiseitegeschoben, lieber nicht daran gedacht. Jetzt aber, wo die Kinder des Paares in das Alter kommen, in denen die Übergriffe bei ihm anfingen, kam bei ihm »alles wieder hoch«. Er möchte seine Kinder schützen und hat sich – für seine Frau und die Kinder völlig überraschend – mit einem Mal dagegen ausgesprochen, dass die Kinder weiter zu ihren Großeltern gehen. Zugleich aber hatte er immer noch nicht die Kraft, sich seiner Frau zu offenbaren.*

*Kurz bevor er für sich den Entschluss fasste, den Kontakt der Kinder mit den Großeltern abzubrechen, begann das Paar auch auf seine Veranlassung hin mit der Paarberatung. Die in der Beratung stattfindende Beschäftigung mit seiner Kindheit forcierte seine Erinnerungen an die Erlebnisse, die er so lange in sich begraben hatte. Einen Tag vor der Beratungsstunde, in der er sich uns offenbarte, erzählte er seiner Frau von dem Missbrauch. Beide beschlossen, sich mit uns über ihr weiteres Vorgehen zu verständigen.*

*In dem Gespräch berichtet er von dem Missbrauch. Er wird immer wieder von Weinausbrüchen geschüttelt. Dennoch empfindet das Paar und empfinden wir, dass es gut ist, dass jetzt alles offenbar wird. Wir besprechen dann noch, wie er es seiner Mutter mitteilt, denn das ist ihm ein wichtiges Anliegen. Er hofft, dass sie ihm glaubt.*

*Drei Tage nach dem Gespräch mit seiner Mutter ruft er uns an, weint heftig und bittet um einen kurzfristigen Termin. Bei diesem erzählt er, dass die Mutter ihm anfangs zwar geglaubt hat, nach drei Tagen aber wieder völlig umgeschwenkt*

*ist und ihn nun der Lüge bezichtigt. Sie hat ihm per SMS mit-*
*geteilt, dass er sich schämen soll und dass sie keinen Kontakt*
*mehr zu ihm haben möchte. Er ist darüber verzweifelt und*
*versteht nicht, dass seine Mutter nicht ihm, aber dem Leugnen*
*des Stiefvaters glaubt. Dennoch ist er froh, dass jetzt erst ein-*
*mal alles ausgesprochen ist.*

*Er wird immer wieder von Weinausbrüchen geschüttelt*
*und fängt nun an, auch darüber zu berichten, dass seine Mut-*
*ter ihn als Kind oft allein gelassen hat, abends kaum da war,*
*morgens noch schlief, wenn er in die Schule musste. Selbst um*
*sein Frühstück musste er sich schon in der ersten Klasse allein*
*kümmern. Als sein Stiefvater kam, war nach immer wieder*
*wechselnden Männern endlich jemand da, der sich ihm zu-*
*wandte und an dem er seine Vatersehnsucht festmachen*
*konnte. Die Übergriffe empfand er als Kind daher gar nicht*
*so schlimm. Erst jetzt, als seine Kinder langsam so alt werden,*
*wie er damals, wird ihm die Dimension des Geschehenen*
*deutlich.*

Die Offenbarung dieses Mannes hat auch uns als Berater
emotional bewegt. So etwas geht nicht spurlos vorüber. Es
ist jedoch nicht nur der sexuelle Missbrauch an sich, der
erschüttert. Es ist auch die Mutter-Kind-Beziehung, die
fassungslos macht. Die Mutter war schon in seiner Kindheit darauf bedacht, ihre Bedürfnisse an erste Stelle zu setzen und wenig auf die des Kindes zu achten. Und das
macht sie jetzt wieder. Damals ließ sie ihn oft allein und
jetzt tut sie es ebenso.

Als erwachsener Mann aber hat er anders als in seiner
Kindheit die Möglichkeit, sich sowohl von den Übergrif-
fen des Stiefvaters als auch von der Hoffnung auf eine zu-
gewandtere Mutter zu befreien. Er kann sich seiner Frau

offenbaren und er kann die Paarberatung hierfür nutzen. Dafür hat er uns als Berater gebraucht. Denn wir sind in unserer Beratungsfunktion auch eine Art Elternersatz. Wir glauben ihm und geben ihm damit die Bestätigung und den Halt, den er als Kind von seiner Mutter so nötig gehabt hätte. In dem Wunsch nach Paarberatung lag demnach neben der Absicht, die Paarprobleme zu lösen, auch die Hoffnung, endlich einen Ort zu finden, in dem er sich mit seiner tiefen Not zeigen kann. Darin zeigt sich eine Tiefendimension, die Paarberatung eben auch anspricht. Sie kann im besten Fall einen Raum eröffnen, in dem sich Nöte zeigen und Hoffnungen auf ein besseres Miteinander entwickeln können. Das ist wirklich ein guter Ort – vorausgesetzt, dass die Berater ihn durch ihre Empathie und ihre Kraft zur Verfügung stellen und das hilfesuchende Paar sich auf ihn einzulassen vermag.

## Begrenzungen akzeptieren lernen

### Wenn der andere nicht so kann, wie ich es mir wünsche

Bei allen Möglichkeiten, die eine Partnerschaft bietet, sich selbst und gemeinsam als Paar zu entwickeln und sich das Leben zu erleichtern, müssen sich die beiden Partner dennoch immer damit auseinandersetzen, in den eigenen Möglichkeiten begrenzt zu sein. Diese Aussage beruht auf der wenig überraschenden Erkenntnis, dass kein Mensch und damit weder man selbst noch der Partner vollkommen ist.

Doch so wenig Widerspruch diese Feststellung hervorrufen wird, so sehr kann sie in der Realität der Partnerschaft schmerzen.

*Ein noch recht junges Paar kommt in die Paarberatung. Das Problem der beiden hat sich an der Sexualität entzündet. Während der Mann mit der Frequenz des Sexes unzufrieden ist, wehrt die Frau sein Drängen zumeist ab. Für sie ist der Sex anstrengend und keinesfalls ein Genuss. Eigentlich würde sie ihm ja gern mehr geben, aber das ist mit großem körperlichen Widerstand verbunden. Ihre Abwehr wird eher stärker, je mehr sie eigentlich nachgeben möchte.*

Das Besondere an diesem Paar ist, dass sie sich jenseits des Konflikts in der Sexualität sehr gut verstehen und einander zugewandt sind. Beide machen von ihrem Wesen her einen eher gehemmten Eindruck. Für sie ist es überhaupt die erste Partnerschaft und vielleicht hätten sie ohne einander gar keine. Bei den Problemen, die sie mit der Sexualität haben, vermittelt sich dennoch das Glück, dass sie sich in ihrer Schüchternheit gefunden haben. Wenn da nur die Sexualität nicht wäre. Unter Alkoholeinfluss gelang es der Frau, sich sexuell etwas loszulassen. Dieses Erlebnis fanden beide eigentlich gut. Aber sie sträuben sich, das als Lösung anzusehen. »Es muss doch auch ohne Alkohol gehen.« Die Frau beginnt dann eine Therapie, um ihre Aversion gegenüber körperlicher Nähe zu verstehen und diese eventuell abzubauen.

Beeindruckend war für uns als Berater, dass die beiden wirklich gut zueinander waren und dass es dennoch eine so deutliche Grenze gab. Es wurde schnell klar, dass sie keinesfalls ›einfach so‹ einzureißen geht. Die Frau berichtete, dass sie als Kind viele Operationen über sich ergehen lassen musste, und vermutete, dass sie dadurch einen tiefen Widerwillen gegen körperliche Nähe empfindet. Vielleicht wird sie das in ihrer Therapie noch tiefer verstehen und eventuell lernen, damit besser umzugehen. Aber ich bin mir nicht sicher, ob es ihr wirklich und dauerhaft gelingen kann, ungezügelte sexuelle Nähe zuzulassen, wie sie und ihr Mann es sich wünschen.

Dieses Beispiel mag von außen betrachtet heftig erscheinen, da die Begrenzung der Frau, sexuelle Nähe zuzulassen, offen zutage tritt. Im Grunde aber ist die Situation des Paares die, mit der sich jeder in seiner Partnerschaft auseinandersetzen muss: der eigenen Begrenzung und der des Partners. Das kann sich individuell sehr unterschiedlich gestalten. Es kann offensichtlicher oder weniger offensichtlich sein. Manchmal sind sich die Paare nicht einmal bewusst, dass sie miteinander vor eindeutigen Grenzen stehen. Oft wird zudem gedacht, der andere müsse doch nur ein wenig guten Willen aufbringen, damit sich die Situation ändert. Letztendlich kommt jedoch niemand an dieser Tatsache vorbei. Jede Partnerschaft ist begrenzt. Da hilft weder Leugnung noch Ärger über den Partner oder sich selbst.

Begrenzungen können zweierlei meinen. Zum einen haben wir ideale Vorstellungen von ›wahrer Liebe‹, von ›tiefer Verbundenheit‹ und so weiter und so fort. Wir möchten, dass sich das in einer Partnerschaft weitestgehend verwirklicht. Und auch wenn jeder weiß, dass Partnerschaften nie ideal sind, entwickelt sich mit der Zeit mitunter eine Enttäuschung. »Das hatte ich mir doch besser vorgestellt.«, sagt sich dann mancher Mann und manche Frau und träumt in der Nacht von der idealen Partnerschaft.

Diese Form der Enttäuschung sehe ich jedoch eher positiv. Denn die Fantasien von Liebe und Verbundenheit respektieren meist nicht die Tatsache, dass hier überzogene Erwartungen im Spiel sind. Psychologisch lässt sich bei einem Menschen, der die unbedingte, wahre Liebe und die völlige Verbundenheit zweier Menschen sucht, das Kind erkennen, das sich eher eine mütterliche Liebe ersehnt. Mit einer erwachsenen Haltung hat das nichts zu tun, auch wenn vermutlich die meisten Menschen mit solchen Vorstellungen in eine Partnerschaft gehen. In diese Kategorie gehören all die Träume ›vom richtigen Partner‹, der auch noch vom Himmel fallen soll. Aussagen wie: »Ich glaube an die Liebe auf den ersten Blick.« oder »Ich glaube, ich habe den Richtigen gefunden.«, sind untrügliche Zeichen für diese Haltung. Da sollen sich kindliche Sehnsüchte erfüllen. Hier sind also die Begrenzungen, die in einer Partnerschaft zwangsläufig auftauchen, eher heilsam. Denn es kann im Leben nicht darum gehen, auch noch im erwachsenen Alter kindliche Bedürfnisse zum Maßstab zu haben.

Anders sieht es bei der zweiten Form der Enttäuschung in einer Partnerschaft aus. Hier hinein gehören alle Grenzen, die ihren Grund in den Persönlichkeiten der Menschen haben und die damit eben auch einer erwachsenen Entwicklung der Partnerschaft entgegenstehen oder diese zumindest bremsen. Es geht dabei nicht um falsche Erwartungen per se. Dem Mann in unserem Beispiel, der mehr Sex haben möchte, lässt sich keine falsche Vorstellung von Partnerschaft vorwerfen. Aber dennoch muss er sich mit der Tatsache auseinandersetzen, dass sich seine Wünsche nicht wie erhofft umsetzen lassen.

Natürlich kann in diesem Fall der Rat gegeben werden, er solle sich von seiner Partnerin trennen und eine andere suchen, mit der er dann mehr Sex leben kann. Und manch einer würde auch so handeln. Aber dennoch wäre es eine Illusion, alle Probleme ließen sich auf diese Weise lösen. Zum einen bringt jede Partnerin und jeder Partner Probleme in das gemeinsame Leben mit, so dass die Lösung des einen durch Partnerwechsel immer auch neue entstehen lässt. Zum anderen bringt jeder aber auch selbst seine Begrenzungen mit. Und sich selbst auszutauschen, geht leider nicht.

Zur Entwicklung einer Partnerschaft gehört immer, sich mit den eigenen Grenzen, wie mit denen des Partners auseinanderzusetzen. Es ist natürlich zu prüfen, ob diejenigen des Partners verkraftbar sind oder zu sehr den eigenen Vorstellungen zuwiderlaufen. Aber keinesfalls erfüllt sich die Hoffnung, es könne ohne – letztlich immer auch schmerzhafte – Begrenzungen in der Partnerschaft gehen.

Also Vorsicht vor einer zu schnellen Trennungsentscheidung. Es ist normal, den Partner immer mal wieder auf den Mond schießen zu wollen. Aber bevor man es dann macht, sollte man es sich gut überlegen. Am Ende hat man alle abgeschossen und verbringt sein Leben allein. Und das ist auch keine Lösung.

Die Begrenzung der Partnerschaft akzeptieren zu lernen, gehört zur Reifung der eigenen Persönlichkeit dazu. Denn es geht mindestens ebenso um die eigenen Grenzen wie um die des Partners. Die Begrenzungen des anderen, über die man sich am meisten aufregt, sind doch in Wirklichkeit auch die eigenen. Vermutlich könnte der Mann in unserem Beispiel eine Frau, die sexuell fordernd auftritt, nicht aushalten. Auch er berichtete in der Paarberatung von seinen Kindheitserfahrungen. Er sollte vor allem für seine Mutter da sein und sie missbrauchte ihn für ihre emotionalen Bedürfnisse. Kein Wunder also, dass er sich eine Frau suchte, die ihn erst einmal in Ruhe ließ. Doch natürlich bleibt er damit auch mit seinen Bedürfnissen auf der Strecke. Darin wiederholt sich sein Kindheitsmuster in der Partnerschaft.

Wir suchen – natürlich unbewusst – unseren Partner nicht nur nach seinen Fähigkeiten und positiven Eigenschaften aus, sondern auch nach seinen Begrenzungen. Diese passen in aller Regel hervorragend zur eigenen Persönlichkeit. Durch eine Partnerschaft wird man daher immer mit eigenen Wahrheiten konfrontiert. Das ist unvermeidlich. Vermutlich scheuen deswegen viele Menschen diese Form der Selbsterkenntnis und suchen ihr Heil lieber in einem Partnerwechsel.

Eine der zentralen Aufgaben von Paarberatung ist, falsche Vorstellungen von Partnerschaft aufzudecken. Dazu gehören diese ganzen hirnrissigen Vorstellungen von ›wahrer Liebe‹ und ›dem einzig Richtigen‹, die eher partnerschaftszerstörend denn erfüllend sind. Dazu gehört aber auch, gegen die Illusion anzugehen, es könne ohne Begrenzungen in der Partnerschaft gehen. Die Brisanz dieser Aussage liegt jedoch nicht in der allgemeinen Feststellung, die vermutlich jeder sofort unterschreiben würde. Sie liegt in den konkreten Erfahrungen mit dem Partner und mit sich. Aus ihnen erwachsen reale Enttäuschungen, die verstanden und verarbeitet werden müssen. Dazu gehört auch Differenzierungsarbeit. Denn natürlich ist immer zu prüfen, was wirklich unabänderlich ist und was vielleicht doch noch besser gestaltet werden kann. Diese Linie zu finden, ist nicht einfach. Paarberatung kann dabei helfen.

## Patchwork

Neben den Begrenzungen, die jeder Mensch durch seine Persönlichkeit in eine Partnerschaft mitbringt, kann es aber auch objektive Schwierigkeiten geben, die aus der Lebenssituation resultieren. Sie entstehen nicht durch die Partnerschaft, haben aber unmittelbare Auswirkungen auf diese. Am verbreitetsten sind die zahlreichen Patchworkkonstellationen, die typisch für unsere Zeit sind. Sie treten mittlerweile so häufig auf, dass sie kaum noch als eine besondere Situation wahrgenommen werden. Das aber würde weder den Kindern noch dem Paarleben gerecht. Die Normalität von Patchworkkonstellationen sieht jedenfalls anders aus als die von Paaren ohne oder mit gemeinsamen Kindern.

*Der Mann ist Geschäftsführer einer kleinen Firma, die ihn sehr beansprucht. Als er sein Coming-out als schwuler Mann hatte, ließ er sich scheiden. Er hat mit seiner Ex-Frau einen gemeinsamen Sohn von 7 Jahren. In der Scheidungsphase kämpfte er erfolgreich darum, das Wechselmodell durchzusetzen, so dass der Sohn nun jede zweite Woche bei ihm ist.*

*Vor drei Jahren ist er mit seinem jetzigen Partner zusammengekommen. Sie leben in getrennten Wohnungen. Sein Partner aber wird zunehmend unzufrieden: »Er hat nur Zeit für seinen Job und seinen Sohn. Für mich bleibe da nicht viel.« Der Mann bestätigt, dass er in der Woche ohne sein Kind mehr arbeitet, um Freiraum für das Miteinander mit dem Sohn in der anderen Woche zu gewinnen. Er sieht dazu keine Alternative. Aber dennoch ist ihm die Partnerschaft wichtig. Er sieht nur keine Möglichkeit, mehr Zeit für den Partner zu investieren.*

Wir können als Berater den Wunsch des Partners nach mehr gemeinsamer Zeit verstehen. Wir sehen aber auch, dass der Mann ein ohnehin schon ausgefülltes Leben führt. Partnerschaft hat da wenig Raum. Was also ließe sich tun?

Der Mann könnte versuchen, irgendwie doch mehr Zeit mit seinem Partner zu verbringen. Zum Beispiel könnten sie zusammenziehen und damit mehr gemeinsamen Alltag verbringen. Doch das möchten beide nicht. Der Mann braucht seinen Freiraum, um seinen Verpflichtungen seinem Kind und dem Job gegenüber nachzukommen. Der Partner möchte nicht in die Erzieherrolle schlüpfen. Sie hatten es mal eine Zeit lang probiert, aber er war damit unzufrieden. Zumal der Mann auch dann noch wenig Zeit für ihn allein hatte. Eine weitere Möglichkeit liegt in der Trennung. Das wollen beide aber ebenfalls nicht. Denn sie mögen sich wirklich und die wenige gemeinsame Zeit sei auch immer sehr schön.

Die dritte Möglichkeit aber besteht in der Akzeptanz dessen, was in der gegebenen Situation machbar ist. Und das sind kurze, jedoch schöne Stunden. Es lässt sich darüber streiten, ob das als eine Partnerschaft bezeichnet werden kann. Den Alltag verleben sie jedenfalls nicht miteinander. Aber ein Miteinander, bei dem sich das Paar in all seiner Begrenzung dennoch guttut, ist es schon. Und das ist mehr, als viele Alltagspartnerschaften den Beteiligten bieten. Also warum sollten sie nicht wenigstens das nutzen, was möglich ist?

Es gibt in Patchworkkonstellationen einen entscheidenden Unterschied zu Partnerschaften mit gemeinsamen

Kindern oder ohne Kinder. Ich hatte in einem früheren Kapitel geschrieben, dass es für eine Partnerschaft von entscheidender Wichtigkeit ist, den Partner an erste Stelle zu setzen. Er soll selbst noch vor den Kindern der wichtigste Mensch sein. Das sei eine wesentliche Voraussetzung für eine gute Partnerschaft, von der letztlich auch die gemeinsamen Kinder profitieren. Für Patchworkfamilien gilt das jedoch nicht. Hier müssen die eigenen Kinder an erster Stelle stehen.

Begründen lässt sich das aus zwei Richtungen. Die eine ist die Sicht der Kinder. Für sie ist es von wesentlicher Bedeutung, dass ihnen beide Eltern trotz der Trennung ein hohes Maß an Verlässlichkeit geben. Eine neue Partnerschaft von Vater und, oder Mutter, die dann höher steht als die Sorge um die Kinder, wäre für diese auf Dauer schwer zu ertragen. Doch auch von Seiten des Erwachsenen gilt, dass die Beziehung zu den Kindern stabiler ist als zu den neuen Partnern. Die Verantwortung der Eltern für die Kinder lässt sich eben nicht relativieren, auch wenn sie getrennt sind.

Dass die Realität oft anders aussieht, lässt sich nicht leugnen. Ich denke aber, dass zahlreiche Probleme in Patchworkkonstellationen genau darin ihren Ausgangspunkt haben. Ob man das gut findet oder nicht, das Leben sollte sich um die eigenen Kinder herum gestalten. Das bedeutet nicht, dass die Kinder über das jeweilige Verhalten der Eltern entscheiden und beispielsweise neue Partner ablehnen können. Es geht vielmehr um die Prioritätensetzung der leiblichen Eltern bei der Gestaltung ihres Lebens.

*Beide Partner haben eigene Kinder in die Beziehung mitgebracht, die jedoch bereits in der Pubertät sind. Die Frau hat zwei, der Mann eines. Auch sie setzen jeweils das Wechselmodell um, so dass sie regelmäßig die volle Verantwortung für die Kinder haben. Beide gehen mit dem Wunsch in die Partnerschaft, dass sich nun ihre Vorstellungen von einer ‚guten Familie' erfüllen. Sie ziehen also recht bald zusammen, auch weil die Kinder vom Alter her recht gut zueinander passen.*

*Die Probleme, die dann aber auftauchten, zeigen sehr schnell, dass es doch nicht so einfach ist. Mann und Frau pflegen sehr unterschiedliche Erziehungsstile, die sie auch auf die jeweils anderen Kinder übertragen möchten. Die Frau findet, dass der Mann zu streng ist. Der Mann wiederum kann nicht verstehen, dass die Frau den Kindern so wenige Regeln gibt. Es kommt immer wieder zum Streit. Die beiden haben mittlerweile den Eindruck, dass es miteinander nicht mehr geht und sie sich trennen müssen.*

Zunächst beobachten wir in der Beratung ein Phänomen an uns selbst, das zugegebenermaßen recht häufig vorkommt: Wir können beide recht gut verstehen. Der Mann versucht sich bei den Kindern Gehör zu verschaffen, indem er moralisch argumentiert. Das nervt schnell und wir verstehen die Frau, die ihre Kinder dagegen in Schutz nimmt. Auf der anderen Seite ist die Frau sehr schnell mit ihren Kindern identifiziert. Sie glaubt, dass der Mann den Kindern schadet und sie sie davor beschützen muss. Doch auch das ist übertrieben und wir können nachvollziehen, dass der Mann sich dagegen wehrt. Dennoch: Beide sind, wie sie sind. Sie versuchen das Beste für die Kinder und sind dabei begrenzt.

Problematisch wird die Unterschiedlichkeit der beiden, weil in ihrer Auseinandersetzung dann doch die komplizierte Konstellation ihres Miteinanders durchschlägt. Es treffen zwei Familien mit jeweils noch einem Ex-Partner aufeinander. Die Kinder haben eine Trennung erlebt, was auch bei den Eltern mit Schuldgefühlen verbunden ist. Daher ist die Haltung der Frau nicht nur mit ihrem Erziehungsstil zu erklären. Sie möchte ihren Kindern möglichst jede weitere Unannehmlichkeit ersparen. Und auch der Mann möchte seine Vaterrolle richtig und klar ausfüllen, um den Kindern eine vermeintlich neue Heimat zu bieten. Dabei überfordern sich die beiden hoffnungslos. Ihre Vorstellungen erfüllen sich einfach nicht. Und wir als Berater müssen bestätigen, dass sich ihre Hoffnungen so auch nicht erfüllen *können*.

Wir greifen das Gefühl des Paares auf, sich trennen zu müssen – allerdings anders als sie es gedacht haben. Denn sie müssen sich wirklich trennen. Aber nicht als Liebespaar, das sie nach eigenen Aussagen immer noch sind, sondern als Elternpaar einer Patchworkfamilie. Für beide ist es wichtig, ihre Aufgaben den eigenen Kindern gegenüber wahrzunehmen. Die Partnerschaft kommt erst an zweiter Stelle. Das Zusammenwohnen sollte bei ihnen erst dann in guter Weise möglich sein, wenn die Kinder aus dem Haus sind. Da die Kinder schon recht groß sind, ist die Zeit bis dahin abzusehen.

In Patchworkfamilien sind die Begrenzungen von Partnerschaft häufig sehr deutlich zu spüren. Natürlich sind die beiden vorgestellten Beispiele nicht für jede Situation gültig. Paare können auch zusammenziehen und mit den mitgebrachten Kindern gemeinsam leben und das mag richtig gut gelingen. Jedoch bleibt auch dann das Primat der Elternteil-Kind-Beziehung vor der Partnerschaft bestehen. Wenn beide Partner damit gut umgehen können, ist das in Ordnung. Aber es ist zumindest Vorsicht geboten. Die Situation kann schnell schwierig werden, insbesondere bei Unstimmigkeiten zwischen den Partnern. Und wer mehr will, als es die konkrete Konstellation mit den konkreten Menschen zulässt, legt die Basis für Frustration.

## Lebenserfahrung

Eine weitere, objektiv erschwerende Situation für die Gestaltung einer Partnerschaft ist bei Menschen gegeben, die bereits eine Ehe hinter sich haben. Die recht häufigen Trennungen, wenn die Kinder groß sind und das Paar feststellt, dass es sich mit den Jahren entfremdet hat, führt immer wieder in neue Partnerschaften von Menschen jenseits der Fünfzig. Dabei treffen zwei Gegebenheiten aufeinander, die sich schwer miteinander vertragen. Zum einen besteht nach einer gescheiterten Partnerschaft natürlich der Wunsch, es beim nächsten Mal besser zu machen.

Gut, es gibt Frauen und Männer, die keinen neuen Versuch anstreben. Sie haben das Experiment ›Zweierbeziehung‹ erst einmal aufgegeben und wollen keine weitere Bindung eingehen. Aber um diese Gruppe geht es hier nicht. Es geht um die, die sich nicht vorstellen können, künftig allein zu leben. Sie wünschen sich gerade wegen des vorherigen Scheiterns nun eine erfüllende Partnerschaft. Ihre Haltung ist: »Ich weiß jetzt besser, was ich will und wie es in einer neuen Partnerschaft nicht laufen soll.«

Es sind die bereits reichlich gemachten Erfahrungen, die den Weg bestimmen. Die größere Lebensreife führt so zu klareren Vorstellungen, was man will und was auf keinen Fall passieren soll. Das kann von Vorteil sein, weil vielleicht von Anfang an mehr über die jeweiligen Erwartungen gesprochen wird. Verliebtheitsphasen, die erst einmal die Sinne vernebeln, sind in dieser Lebensphase zudem kürzer. Auf der anderen Seite aber – und das steht dem Wunsch nach einer »nun richtigen Partnerschaft« entgegen – führt das Mehr an Lebenserfahrung zu einer geringeren Anpassungsfähigkeit an die Vorlieben und Marotten des neuen Partners.

Wir sprechen gern davon, dass sich Paare im Laufe ihrer Beziehung ›synchronisieren‹. Sie gleichen sich in ihren Lebensrhythmen und Gewohnheiten aneinander an. Sie entwickeln gemeinsame Vorlieben beim Essen, bei Urlaubszielen, aber auch bei der Gestaltung ihrer Wohnung, dem Kleidungsstil und anderem mehr. Diese Annäherung erfolgt bei den einzelnen Paaren sehr unterschiedlich. Jedoch gilt: Je stärker sich die Partner ›synchronisieren‹, desto größer ist die Harmonie in der Partnerschaft und desto besser die Prognose. Natürlich können durchaus auch Unterschiede bestehen bleiben und bleiben es bei so gut wie jedem Paar auch. Es gibt Paare, die aus bestehenden Spannungen die Energie für ihr Miteinander beziehen. Aber nach unseren Erfahrungen gilt das Sprichwort »Gleich und Gleich gesellt sich gern.« eher als »Unterschiede ziehen sich an.« Die Verschiedenheit mag einen anziehenden Reiz ausüben, aber die Gemeinsamkeiten festigen das Miteinander.

Die Schwierigkeit bei Menschen, die bereits ein gewisses Alter erreicht und viele Lebenserfahrungen gesammelt haben, besteht nun darin, sich zunehmend weniger ›synchronisieren‹ zu können. Sie sind in ihren Gewohnheiten festgelegter, sie können sich schwerer auf die Eigenheiten des Partners einlassen. Auch das ist selbstverständlich von Mensch zu Mensch unterschiedlich. Aber es gilt, dass die

Flexibilität im Zusammenleben mit einem neuen Partner mit zunehmenden Alter nachlässt.

*Beide, Mitte fünfzig, haben sich beim Wandern kennengelernt. Er ist Mitglied in einem Wanderverein, sie hatte sich dem bei einem Urlaub in der Sächsischen Schweiz angeschlossen. Sie waren beide geschieden, die Kinder sind längst aus dem Haus. Zwei Jahre lebten sie ihre Partnerschaft aus der Ferne, sie in Frankfurt Oder, er in einem Dorf bei Dresden. Dann haben sie geheiratet und die Frau ist zu ihm gezogen. »Ich habe all meine Pflanzen aus meinem Garten ausgegraben und mit zu ihm in seinen Garten genommen.« Sie suchte sich eine neue Arbeit in Dresden.*

*Als sie dann aber bei ihm wohnte, wurde die Beziehung deutlich schwieriger. Sie fühlte sich bei ihm nicht gut aufgenommen, er ärgerte sich über viele Veränderungen in seinem Zuhause. Sie warf ihm immer wieder vor, dass sie für ihn so viel aufgegeben hat. Er zog sich immer mehr in seine Werkstatt zurück. Selbst bei den gemeinsamen Unternehmungen, die ihnen so viel Spaß gemacht hatten, stritten sie sich zunehmend.*

Besonders die Frau möchte nach der Trennung von ihrem vorherigen Ehemann eine bessere und innigere Partnerschaft entwickeln. Das funktioniert zunächst auch gut. Beide haben einige gemeinsame Hobbys, sie sind sich immer dann, wenn sie sich sehen, sehr zugewandt. Sie mögen sich und es scheint gut zu laufen. Das gute Gefühl kippt jedoch nach der Hochzeit und dem Zusammenziehen. Die Frau wirft dem Mann vor, dass er nachlässiger geworden ist, sie nicht mehr so achtet wie zuvor. Sie habe so viel für ihn aufgegeben und dann dankt er es ihr nicht, sondern zieht sich im Gegenteil immer mehr zurück.

Der Mann wiederum beteuert, dass er sie weiterhin liebt. Aber ihm werden ihre Ansprüche mittlerweile zu viel. Er hatte nichts dagegen, dass sie zu ihm gezogen ist. Immerhin können sie sich so öfter sehen und müssten nicht mehr so oft reisen. Aber er möchte auch weiterhin »seinen eigenen Stiefel machen«. Als Handwerker muss er seine Zeit frei einteilen können. Was seine Frau von ihm wolle, wäre einfach zu viel.

Wir arbeiten in der Paarberatung zunächst an einem Kompromiss zwischen beiden Erwartungen. Worauf an Gemeinsamkeit könnte sich der Mann mehr als bisher einlassen? An welchen Stellen müsste die Frau ihren Anspruch mindern? Wir besprechen das und geben dem Paar bis zur nächsten Beratungsstunde Hausaufgaben auf, in denen sie die vereinbarten Kompromisse ausprobieren. Doch es klappt nicht. Die Frau beschwert sich weiterhin, dass sie nicht so viel zurückbekommt, wie sie gegeben hat. Der Mann wird immer unwilliger. Er spricht gar von Trennung. Zugleich aber macht das Paar auf uns durchaus einen zugewandten Eindruck. Es wird immer deutlicher, dass sie sich mit dem, was sie sich von der neuen Partnerschaft erträumten, überfordern. Aber dennoch besteht kein Grund, dass sie das, was möglich ist, gleich mit den Träumen zusammen entsorgen.

Die Frau hat im wahrsten Sinne ihre Wurzeln ausgegraben und sich verpflanzt. Sie hat damit wirklich eine große Veränderung vollzogen. Doch war das gut? Der Wunsch nach einer Alltagspartnerschaft ist sehr gut zu verstehen. Aber zumindest für den Mann ist das eine Überforderung. Er sieht sich nicht in der Lage, sich noch

einmal so umfassend auf einen anderen Menschen einzu-
stellen. Er braucht seine Freiräume. Dann kann er auch
liebevoll und zugewandt sein. Und selbst bei der Frau
können wir uns nicht sicher sein, ob sie ihrem eigenen
Anspruch gerecht werden könnte. Da der Mann die
entstandenen Schwierigkeiten im Miteinander stärker
verkörpert, kann sie sich gut an ihm abarbeiten, sich ärgern
und unglücklich sein. In den Beratungsgesprächen zeigte
sich jedoch, dass auch sie sich mehr wünschte, als sie selbst
umzusetzen in der Lage wäre. Auch sie hat klare Vorstellungen, wie ihr Leben ablaufen soll. Ihre Wünsche nach
Zweisamkeit passt sie da hinein. Aber sie ist selbst auch
nicht so flexibel, sich auf seinen Rhythmus einzulassen.

Eine der zentralen Aufgaben, vor der jeder steht, der
eine Partnerschaft gestaltet, ist die Spannung auszuhalten
zwischen dem Ersehnten und dem Realistischen. Und für
Menschen, die schon viele Lebenserfahrungen gemacht haben und sich nicht mehr ganz so einfach auf ein anderes,
neues Leben einstellen können, gilt dies besonders. Das
Schmerzhafte daran ist, dass ihnen zugleich bewusst wird,
nicht mehr unendlich viel Lebenszeit vor sich zu haben.
Auch die Auswahl an freien Partnern ist geringer. Es kann
nicht mehr so viele Versuche geben. Die natürlichen Begrenzungen sind unmittelbar zu spüren.

Doch die Medaille hat auch eine zweite, eine positive
Seite. Wenn es gelingt, aus der Lebenserfahrung ein Mehr
an Gelassenheit zu entwickeln, lässt sich damit eine
vielleicht begrenzte, aber dennoch in der Tiefe zufriedene
Partnerschaft entwickeln. Von der Illusion, der ›wirklich
Richtige‹ wird schon noch kommen, durch Lebensweisheit
befreit zu sein, eröffnet eher die Möglichkeit, bei aller
Begrenztheit sein Glück zu finden.

# Paarberatung als Trennungshilfe

Paarberatung besteht nicht nur darin, Partner vom Sinn ihrer bestehenden Partnerschaft zu überzeugen. Zugegeben, ich bin in dieser Beziehung ein großer Optimist. Bei den meisten Paaren, die vor uns sitzen und selbst das Gefühl haben, dass gar nichts mehr geht, empfinde ich, dass sie gut zueinander passen und sich auf keinen Fall trennen sollten. Denn die Probleme nehmen sie auch in die nächsten Partnerschaften mit. Und sie sind hier wenigstens schon einmal ein paar Schritte miteinander gegangen – und sei es, um sich jetzt illusionsloser zu begegnen.

Dennoch erleben wir auch immer wieder Paare, die zu uns kommen, um sich zu trennen. Meist ist schon sehr viel an Ärgerlichem passiert und einer oder beide Partner haben keine Lust mehr, die Scherben aufzuheben und wieder zusammenzukleben. Manchmal haben sie sich auch einfach nur in der Selbstverständlichkeit ihres Zusammenlebens verloren. Dann schert einer von beiden aus, verliebt sich vielleicht neu oder beschließt auch so, dass die Partnerschaft keinen Sinn mehr macht. Der andere, durch das Handeln oder die Äußerungen des Partners alarmiert, beginnt, um die Partnerschaft zu kämpfen. Der erste scheut vielleicht den ursprünglich gewollten harten Schnitt und gibt dem Drängen des anderen nach. Dann suchen sie eine Paarberatung auf, um zu retten, was noch zu retten geht. Bei den Paaren, um die es mir in diesem Kapitel geht, ist die Trennungsabsicht mindestens eines Partners jedoch so weit fortgeschritten, dass das Miteinander keine Chance mehr hat. Es fällt nur manchen Frauen oder Männern verständlicherweise schwer, nach Jahren des Zusammenseins die Trennung zu vollziehen, vor allem, wenn der andere sich dagegen sträubt. Die Paarberatung wird dann ›offiziell‹ aufgesucht, um an der Zukunft der Partnerschaft zu arbeiten. In Wirklichkeit aber werden wir gebraucht, um bei der Trennung zu helfen.

*Beide sind nach eigener Aussage »richtige Arbeitstiere«. Der Mann arbeitet in leitender Position in einem großen Unternehmen. Die Frau hat, nachdem das jüngste ihrer beiden Kinder in die Kita gegangen ist, eine eigene, kleine Firma gegründet. Trotz der ständigen zeitlichen Belastung haben sie den Alltag gut im Griff. Aber als Paar unternehmen sie kaum noch etwas. Zwar lief der Sex weiterhin ganz gut. Aber sonst gab es kaum noch Zweisamkeit. »Wir haben zu spät begriffen, dass eine Partnerschaft immer wieder neu belebt werden muss.«, sagten sie einhellig.*

*Dann hat sich die Frau in einen ihrer Mitarbeiter verliebt, der selbst in einer Partnerschaft lebt. »Aber die sei auch zerrüttet.«, meinte sie. Als sie ihrem Mann davon erzählt, kann er sich lange damit nicht abfinden. Er kämpft, er streitet, er versuchte sogar einige Zeit, die von der Frau vorgeschlagene offene Beziehung mitzuleben. Aber das hat ihn überfordert. Die Frau gab zunächst seinem Drängen, die Ehe zu retten, nach. Sie wollte es vor allem wegen der zwei Kinder versuchen, sie hat ihn ja auch mal geliebt. Zudem weiß sie nicht, ob das mit dem anderen wirklich eine Zukunft hat. Deshalb einigen sie sich, es mit einer Paarberatung zu versuchen. In der ersten Beratungsstunde wird aber schnell klar, dass sich die Frau bereits aus ihrer Ehe verabschiedet hat. Sie will nicht mehr.*

In diesem Fall macht es überhaupt keinen Sinn, die Partnerschaft aufrecht erhalten zu wollen. Wir können nur zwei Dinge tun: Wir können die Frau darin unterstützen, zu ihrer Entscheidung zu stehen und sie ihrem Mann gegenüber zu vertreten. Eine Trennung kann wirklich leichter fallen, wenn ein Dritter anwesend ist. Dadurch werden die hochkochenden Emotionen etwas gebändigt und wir als Berater können darauf achten, dass klar und eindeutig gesprochen wird. Das gibt Halt und Unterstützung bei diesem schwierigen Schritt.

Und wir können den Partner unterstützen, der sich nicht trennen möchte – in diesem Fall der Mann. Er hat erst einmal das schwerere Los und muss mit seinem Schmerz klarkommen. Wenn es gewünscht wird, bieten wir beiden Einzelberatungen an, um den Schritt zu verarbeiten. Das kann manchmal in eine längere Beratungsreihe führen.

Wir haben übrigens die Erfahrung gemacht, dass der verlassene Partner eine Trennung häufig besser übersteht, insbesondere, wenn der Verlassende gleich in eine neue Partnerschaft wechselt. Der Verlassene ist zunächst schutzloser seinem Schmerz ausgesetzt und leidet anfangs mehr. Aber er hat damit eben auch die Möglichkeit, die Trennung bewusster zu durchleben und zu durchfühlen. Die Krise kann, wenn sie bewältigt wird, zu einer Reifung und Stärkung der Persönlichkeit führen.

Die Begleitung dieses Prozesses hilft beim Bewusstmachen, was in der Vergangenheit schiefgelaufen ist und was sich vielleicht künftig besser machen ließe. Das ist in jedem Fall besser, als sofort wieder in eine neue Partnerschaft zu schlittern. Meist tauchen dort die alten Probleme wieder neu auf.

Unlängst beschwerte sich ein Mann über seine Partnerin, wegen der er seine Frau vor zwei Jahren verlassen hatte, dass sie mittlerweile sexuell genau so abweisend sei, wie die Vorgängerin. »Da hätte ich mir diesen ganzen Trennungsärger ersparen können.« Alternativ könnte er sich jedoch auch fragen, was sein Anteil ist, dass es in seinen Partnerschaften nicht so gut läuft.

Vor vielen Jahren erlebten wir eine Trennungssituation, an die ich mich wegen ihrer Skurrilität besonders erinnere:

*Das Paar war bereits vier Jahre zusammen, als die Frau auf eine Paarberatung drängte. Ursache war das Verhalten des Mannes. Er wollte einfach nicht mit ihr zusammenziehen und erfand immer neue Gründe, es nicht zu tun. Die Frau war ratlos.*

*In der Beratung trat er schüchtern auf, während sie recht gut formulieren konnte, was sie wollte. Da er aber immer weiter herumdruckste, fragte ich ihn, ob er die Partnerschaft überhaupt noch wolle. Er wand sich zunächst, aber irgendwann sagte er, dass er sie eigentlich nie gewollt hat. Er hatte seine Partnerin auf einer Feier bei Freunden kennengelernt, sie hatten sich an dem Abend gut verstanden und am Ende waren sie zusammen im Bett gelandet. Die Frau wollte ihn dann wiedersehen und steuerte zielgerichtet auf ein beständiges Miteinander zu. Der Mann aber wollte das gar nicht. Die Frau war nicht sein Typ. Zudem hatte er zu dem Zeitpunkt auch nicht die Absicht, sich zu binden. Aber er getraute sich einfach nicht, ihr das offen zu sagen. Mit der Zeit wurde für ihn die Schwelle immer höher, ihr endlich reinen Wein einzugießen. Er lebte zunehmend in einer Partnerschaft, die er ablehnte.*

*Als die Frau dann auf ein Zusammenziehen drängte, wurde für ihn die Situation immer unerträglicher. Er sträubte sich, ihrem Wunsch nachzukommen. Aber er besaß immer noch nicht die Traute, ihr die Wahrheit zu sagen. Sein Lavieren spitzte die Situation jedoch soweit zu, dass sie – auf Initiative der Frau! – in eine Paarberatung gingen, in der er endlich sagen konnte, dass er die Partnerschaft noch nie gewollt hat.*

Dieses Beispiel ist irre! Stellen Sie sich vor, er hätte der Frau auf dem Sterbebett mitgeteilt, dass er in all den Jahren nur mit ihr zusammen war, weil er sich nicht getraut hat, ihr zu sagen, dass er das gar nicht will. Ich hätte Verständnis, wenn sie ihm dann das Kissen aufs Gesicht drückt.

Die Frau war übrigens erleichtert, als seine Wahrheit in der Beratungsstunde endlich ans Licht kam. Sie wusste nun, warum er sich oft so sperrig angestellt hat. Endlich hatte sie eine Erklärung für ihr ungutes Gefühl all die Jahre und sie begriff, dass sie nun nicht mehr zu kämpfen braucht.

Natürlich muss sie sich fragen lassen, warum sie so wenig auf ihr Gefühl geachtet hat. Ihre Sehnsucht, dass das ›der Richtige‹ ist, hat sie blind und taub werden lassen für all die Anzeichen, die nun plötzlich erklärbar waren. Ihre Lehre ist, dass niemand zur Liebe gedrängt werden kann.

# Situationen, die eine Partnerschaft überfordern können

Wenn zwei Menschen eine Partnerschaft eingehen, gibt es immer Konstellationen und Eigenheiten, die das Miteinander befördern und die es behindern. Es gibt auf der einen Seite Erfahrungen, Wünsche und Potenzen, die gut sind. Und auf der anderen Seite falsche Erwartungen und objektive Schwierigkeiten. In unseren Paarberatungen machen wir allerdings auch die Erfahrung, dass es Konstellationen gibt, die eine Partnerschaft beziehungsweise die Entwicklung oder gar die Rettung einer Partnerschaft stark behindern können.

## Wer aus Schaden nicht klug wird

*Ein Paar kommt in die Beratung, weil es überhaupt nicht miteinander läuft. Obwohl sie gerade ein Haus gebaut haben, empfinden sie, dass sie völlig unterschiedlich in ihren Erwartungen, aber auch in ihren Charakteren sind. Der Mann sei auf dem »Planet Arbeit« zu Hause, die Frau auf dem »Planet Familie«. Sie kommen mit ihren Vorstellungen nicht zusammen. Die häufigen Streitereien werden immer grundsätzlicher und respektloser. Besonders die Frau denkt zunehmend über eine Trennung nach.*

*Im Gespräch stellt sich heraus, dass der Mann in seiner vorherigen Partnerschaft schon einmal ein Haus gebaut hatte. Auch zwei Kinder hat er aus dieser Beziehung. Und er besaß damals schon eine Firma, die allerdings in Insolvenz ge-*

*gangen ist. Jetzt steht er genau wieder vor dieser Situation: Haus, zwei Kinder, Ehe, die kurz vor dem Aus steht, und eine Firma, die wieder auf ein Scheitern zusteuert.*

Bei allem Respekt vor den Energien des Mannes, der viel leistet und ›es wissen will‹, fällt doch auf, dass er das zweite Mal an der gleichen Situation zu scheitern droht und dafür einen hohen persönlichen Preis zahlt. Auch seine Kinder und Menschen in seinem Umfeld sind von seinen Aktivitäten betroffen. Er möchte es für alle Seiten gut machen, möchte seiner Familie ein Haus bauen und eine Firma zum Laufen bringen. Jedoch ist er damit offensichtlich überfordert.

Wir wissen, dass weder die Überforderung noch das letztliche Scheitern ein Zufall sind. Wir sprechen in diesem Zusammenhang von einer ›Inszenierung‹, die einen Sinn haben muss. Die Ursprünge dieser ›Inszenierung‹ sind in der Persönlichkeit des Betroffenen zu finden, die wiederum durch seine Kindheitserfahrungen geprägt ist. Es wäre daher wichtig, genau das zu verstehen.

Aus unseren Beratungserfahrungen heraus lässt sich vermuten, dass gerade das Scheitern der Schlüssel für ein Verständnis des Geschehens ist. Es ist anzunehmen, dass die übergroßen Anstrengungen, die der Mann wie selbstverständlich auf sich nimmt, seine einstige Kindheitskonstellation wiedergeben. Er will sehr viel leisten, um endlich Anerkennung zu bekommen und inneren Frieden zu finden. Doch da das nicht gelingt (gelingen kann), befreit ihn das Scheitern aus dem Teufelskreis der übergroßen Anstrengung. Damit könnte der Mann das Scheitern als eine Chance für sein Leben verstehen. Das aber tut er nicht, zumindest beim ersten Mal. Er startet vielmehr einen zweiten, ebenso aussichtslosen Versuch, ›sein Schicksal zu zwingen‹ – am Ende mit dem gleichen Misserfolg.

Da er diesen natürlich nicht bewusst herbeigeführt hat – der Mann beteuert, dass er eigentlich nicht so viel arbeiten möchte und auch das Scheitern keinesfalls gewollt war – müssen wir von einem unbewussten Prozess ausgehen. Im bewussten Wollen soll alles gelingen und gut werden. Unbewusst aber handelt der Mann so, dass seine Vorhaben nicht gelingen können. Unbewusste Inszenierungen lassen sich daher nicht verhindern, so lange sie nicht verstanden werden und somit unbewusst bleiben. Die Verantwortung des erwachsenen Menschen liegt allerdings darin, wenigstens im Nachhinein die Logik des Geschehens zu verstehen. Wer die Aufarbeitung des Geschehens scheut, steht in der Gefahr, die gleiche Konstellation noch einmal herzustellen.

Die Motivation des Mannes mag vielleicht darin gelegen haben, die Wunden des ersten Scheiterns zu heilen. Aber am Ende musste er einen Preis zahlen, der mindestens noch einmal so hoch war wie beim ersten Mal. Die neue Partnerschaft hatte kaum eine Chance, besser zu verlaufen als die erste. Das spricht eigentlich immer für die Inanspruchnahme von Beratung nach einer Trennung.

## Wenn Affekte über Jahre konserviert werden

Ich hatte bereits in dem Kapitel »Zwei Leben in einer Partnerschaft« geschrieben, dass es nicht gut ist, wenn Konflikte über Jahre fortbestehen, ohne dass sie wirklich geklärt werden. Sie können dann immer wieder bei passender Gelegenheit herausgeholt und gegen den Partner

verwendet werden. Daher ist es im Interesse der Partnerschaft wichtig, bestehende Konflikte zu besprechen oder
sie zumindest endgültig beiseite zu legen.

Was aber, wenn ein Konflikt gerade deswegen nicht geklärt wird, *damit* die Affekte, die mit ihm verbunden sind,
über Jahre konserviert bleiben?

*Ein Paar, das zwei Kinder hat, kommt in die Paarberatung,*
*weil beide nur noch nebeneinanderher leben. Sex gibt es schon*
*lange nicht mehr. Aber auch sonst haben sie als Paar kaum*
*Berührungspunkte. Sie sehen sich als Wohn- und Wirtschafts-*
*gemeinschaft. Die Kinderversorgung funktioniert gut. Der*
*Haushalt wird in abgestimmter Arbeitsteilung erledigt. Ein*
*Paar im eigentlichen Sinne sind sie aber nicht. Insbesondere*
*der Mann ist unzufrieden damit. Er möchte mehr Gemein-*
*samkeit. Seine Bemühungen prallen jedoch bei der Frau ab.*
*Sie einigten sich irgendwann, eine Paarberatung in Anspruch*
*zu nehmen – allerdings mit unterschiedlichen Absichten. Der*
*Mann wollte die Partnerschaft beleben, während die Frau*
*hoffte, durch uns Bestätigung für ihr Verhalten zu bekommen.*

*Nach dem Zeitpunkt gefragt, an dem die Entfremdung in*
*der Partnerschaft begann, berichten sie von einem Erlebnis,*
*das mehr als zehn Jahr zurücklag: Die Kinder waren noch*
*nicht geboren, beide fuhren über Land mit dem Auto nach*
*Hause. Aus irgendeinem Grund, den sie nicht mehr wussten,*
*begannen sie sich zu streiten. Der Streit wurde zunehmend*
*heftiger. Irgendwann sagte der Mann, dass er während der*
*Autofahrt nicht mehr streiten möchte. Es war bereits dunkel*
*und er wollte nicht, dass ein Unfall passiert. Die Frau aber*
*hörte nicht auf. Daraufhin sagte der Mann, dass er sie raus-*
*setzt und sie nach Hause laufen muss, wenn sie nicht sofort*
*aufhört. Als sie dann immer noch weitermachte, hielt er an*

*und sagte, sie solle aussteigen. Sie tat es, weil sie sich sicher war, dass er sie nicht zurücklassen wird. Doch er fuhr allein die restliche Strecke, etwa 2 Kilometer. Die Frau musste durch die Dunkelheit über die Landstraße laufen. Dabei hat sie sich geschworen, ihm sein Verhalten nie zu verzeihen. Seitdem ist sie immer mehr auf Abstand zu ihm gegangen. Als das zweite Kind geboren war, beschloss sie, nun keinen Sex mehr mit ihrem Mann zu haben. Mit jedem Streit, der in den Jahren danach folgte, sah sie sich in ihrer Entscheidung bestätigt.*

Das Besondere dieses Beispiels liegt in dem konkreten Erlebnis, das der Haltung der Frau zu ihrem Mann einen Knacks gegeben hat. Es lässt sich hier nicht mehr von einem ›kleinen Kieselstein‹ sprechen. Das war in ihrem Empfinden schon ein Felsbrocken. Bei den meisten Paaren – ich schrieb es bereits am Anfang – sind es eher die vielen kleinen Erlebnisse, die die Beziehung vergiften. Aber hier war die Frau im Mark getroffen.

In der Beratung ließ sich nicht mehr genau nachvollziehen, wer damals vor zehn Jahren auf welche Weise den Streit vom Zaun gebrochen hat und wodurch er eskalierte. Zu vermuten ist, dass beide ihren Anteil daran hatten. Zu verstehen ist, dass die Frau auf dem Weg durch die Dunkelheit Angst hatte und es schrecklich für sie war. Aber daraus den Schluss ziehen, die Partnerschaft zwar fortzuführen, aber zugleich auf Abstand zu gehen, ist doch unheimlich. Zumal sie an dem Entschluss über Jahre festhielt. Sie opferte damit ihre Partnerschaft und schädigte sich letztlich selbst.

Auch dieses Verhalten der Frau muss in ihrer Persönlichkeitsentwicklung seinen Ausgangspunkt genommen haben. Denn rational lässt es sich wirklich nicht nennen.

Sie fühlte sich verletzt, suchte aber nicht die offene Auseinandersetzung, sondern beschloss, sich im Stillen an ihrem Mann zu rächen. Zu vermuten ist, dass hier ein tiefer Hass ausagiert wird, der keinesfalls in der Beziehung zu ihrem Mann seine Ursache hat. Seinen Ursprung wird er in Verletzungen ihrer Kinderseele haben, die vermutlich nie ans Licht kamen, sondern die sie in sich begraben hat. Dadurch fehlte ihr das Selbstvertrauen, mit ihrem Mann den Konflikt offen auszutragen. Doch auch jetzt wollte sie sich ihrer Geschichte nicht stellen und brach die Paarberatung ab. Damit aber hatte die Partnerschaft keine Chance mehr und ihr wird es vermutlich auch künftig schwerfallen, sich auf eine vertrauensvolle Beziehung einzulassen.

Doch auch der Mann muss sich fragen lassen, warum er all die Jahre nicht gegen die Abständigkeit seiner Frau aufbegehrt hat. Was ist er sich eigentlich wert? Na klar, er hat sich immer mal wieder beschwert, auch gestritten. Aber letztlich hat er die Entfremdung der beiden nicht verhindert, sondern sich mit der Situation weitestgehend abgefunden. Er sagte selbst, dass er »sich aufgegeben hat«.

Hier können wir das gemeinsame Problem beider erkennen. Sie haben gleichermaßen zu wenig Zutrauen, entstandene Konflikte offen ausräumen zu können. Bei dem Mann mündete das in Resignation. Die aber ist für die Beziehung ebenso gefährlich wie das untergründige Agieren seiner Frau. Wer seine Bedürfnisse in der Partnerschaft aufgibt, gibt auch die Partnerschaft auf.

## Jugendliebe

Nicht ganz so dramatisch – meistens jedenfalls – ist eine Paarkonstellation, die wir immer wieder erleben. Beide haben sich sehr früh kennengelernt und irgendwann eine Familie gegründet. Die Harmonie scheint lange perfekt. Aber irgendwann, meist wenn die Kinder groß sind, schleicht sich die bange Frage bei einem oder beiden ein, »ob es das nun gewesen sei«.

*Sie sind zusammen, seit sie 17 Jahre alt sind. Mit 19 haben sie geheiratet, das ist jetzt fast zwanzig Jahre her. Sie haben zwei Kinder, 16 und 14 Jahre alt. Als die Frau ein Studium in Dresden begann, ist der Mann ihr hinterhergezogen und hat dafür extra die Lehrstelle gewechselt. Es lief alles glatt, sie hatten wenig Streit miteinander. Nun werden die Kinder immer mehr flügge.*

*Die Frau beginnt sich zunehmend über das Verhalten des Mannes zu ärgern: »Er kümmert sich zu wenig um die Kinder.«, »Er überlässt mir die Wäsche.«, »Er reagiert meist erst sehr spät, wenn ich den Wunsch habe, dass er sich um ein Problem im Haus kümmert.« und überhaupt: »Er ist einfach so unselbstständig.« Sie fragt sich zunehmend, ob sie sich nicht trennen sollte. Sie erhofft sich dadurch ein leichteres, freieres Leben.*

Natürlich lässt sich an all den von ihr genannten Punkten in der Paarberatung arbeiten. Es ist normal, dass sich ein Paar, das zunehmend weniger durch die größer werdenden Kinder in Anspruch genommen wird, neu sortieren muss.

Dazu zählt unter Umständen auch eine Neuverteilung der notwendigen Hausarbeit und Absprachen über das Zusammenleben. Auch ihrem Vorwurf dem Mann gegenüber, er sei zu unselbstständig, muss nachgegangen werden. Denn so unrecht hatte sie damit nicht. Schon seine, am Anfang der Beziehung getroffene Entscheidung zu einem Lehrstellenwechsel allein wegen ihr, zeigte ein Ungleichgewicht zwischen beiden. Allerdings ist daran nie nur ein Partner beteiligt. Auch der scheinbar selbstständigere stabilisiert sich durch den anderen in so einer Konstellation.

Es hätte also viel Stoff zur Klärung und zur Entwicklung der Beziehung gegeben – wenn denn die Frau gewollt hätte. Das aber war nicht ihr Anliegen. Sie hatte zwar dem Drängen ihres Mannes nachgegeben und kam mit zur Paarberatung. Aber es ging ihr letztendlich nicht um eine Lösung der Paarkonflikte. Sie war vielmehr in eine Sinnkrise geraten, nachdem durch das Großwerden der Kinder die familiäre Bindekraft nachgelassen hat. Was erwartet sie noch von ihrem Leben? Was kann sie von ihrem Leben erwarten? Das waren die Fragen, die sie umtrieb. Wie sich dann herausstellte, hatte sie sich längst entschieden, neue Wege zu gehen. Sie hatte sich in einen anderen Mann verliebt.

*Auch das nächste Paar kennt sich bereits aus seiner Jugend, noch in der Schule sind sie zusammengekommen. Beide waren die jeweils ersten sexuellen Partner, mittlerweile haben sie Kinder, 11 und 7 Jahre alt.*

*Irgendwann hat sich bei ihr die Vorstellung festgesetzt, sie möchte mal mit einem anderen Mann Sex haben. Ihre Freundinnen haben ihr gesagt, dass das auch nicht anders ist und sie glaubt ihnen. Aber dennoch wird sie die Idee nicht los. Ein-*

*mal spricht sie das sogar ihrem Mann gegenüber an. Aber er*
*wehrt das Thema ab und möchte nicht darüber sprechen.*
   *Auf einer Dienstreise schläft sie dann mit einem Kollegen.*
*Sie hatte extra einen gewählt, der ihr äußerlich und vom Cha-*
*rakter her nicht zusagte. Damit wollte sie sich nach eigener*
*Aussage vor tiefergehenden Empfindungen schützen. Aber als*
*sie es ihrem Mann beichtete, war er sehr getroffen und hatte*
*Schwierigkeiten, darüber wegzukommen.*

Das Gefühl eines Paares, dass sich sehr jung gefunden und
dann nie wieder getrennt hat, vielleicht etwas verpasst zu
haben, ist relativ häufig anzutreffen. Positiv lässt sich daran
sehen, dass es auch ein Zeichen von Lebendigkeit ist. Paare,
die sehr jung zusammenkamen und dennoch überzeugt
sind, dass sie immer zusammenbleiben werden, können
auch langweilig und dröge sein. Dennoch stellt das Gefühl,
etwas verpasst zu haben, eine große Herausforderung dar,
zumal die Partner oft unterschiedliche Rollen einnehmen.
Einer verkörpert die Seite, die ein Defizit empfindet, der
andere möchte lieber am Bestehenden festhalten und hat
Angst, dass etwas unwiederbringlich kaputtgeht. Meist
aber tragen beide in der Tiefe auch beide Seiten in sich.
   In der Beratung besteht die Aufgabe zu erkennen, ob es
hier um ein grundsätzliches Problem geht. Ging es nur darum, »mal etwas auszuprobieren« oder verbergen sich größere Schwierigkeiten hinter dem Seitensprung? Für ein
Paar, das bereits seit seiner Jugend zusammen ist, sehen wir
es zudem als einen wichtigen Lernprozess, den vielleicht
bestehenden Absolutheitsanspruch der Partner aneinander
zu hinterfragen. Jeder von beiden könnte durchaus auch in
einer anderen Partnerschaft glücklich werden und jeder ist
zudem gefordert, sein Leben als Herausforderung für sich

wahrzunehmen, ohne einen anderen Menschen sicher zu
haben. Wenn eine Trennung als reale Möglichkeit für das
weitere Leben akzeptiert wird, kann auch eine Jugendliebe
reifen und bestehen bleiben.

## Seitensprünge

*Auch dieses Paar kennt sich seit der Schulzeit. Allerdings
dachten sie erst mit Ende zwanzig ans Heiraten. Kinder hatten sie noch keine. In der Woche nach ihrer Hochzeit, die
beide als sehr schön empfanden, ging er mit einer Freundin
seiner Frau fremd. Die erste Krise ihrer Ehe war perfekt. Die
Frau wollte sich gleich wieder scheiden lassen.*

*Ein anderes Paar, beide Mitte Vierzig, kommt »wegen akuter
Eheprobleme«. Die Frau war vor drei Jahren zur Kur und
hatte dort eine Affäre, die sie dann aber schnell beendete. Vor
einem halben Jahr hat sie sich jedoch wieder verliebt. Auch
das hat sie schnell beendet, aber beide sind verunsichert, ob
das nicht immer wieder passiert.*

Solche und ähnliche Geschichten ließen sich weitererzäh-
len. Seitensprünge sind keine Seltenheit und rütteln zumeist an den Fundamenten der bestehenden Partnerschaft.
Das Phänomen lässt sich aber auch von der anderen Seite
anschauen: Nicht das Fremdgehen brachte die Partnerschaft in die Krise, sondern die Partnerschaft war bereits
im Wanken oder es bestanden zumindest wichtige Probleme, die sich im Fremdgehen ein Ventil suchten.

Im ersten beschriebenen Fall bekam der Mann plötzlich
Angst, sich mit der Hochzeit ›für das Leben‹ festgelegt zu

haben. Ich hatte bereits geschildert, dass eine Hochzeit – obwohl gewünscht und eigentlich ein positives Ereignis – zu den kritischen Lebensereignissen zählt. Das bedeutet, dass der neue Status als Ehemann oder Ehefrau erst einmal in das Leben integriert werden muss. Der Mann hatte sich das aber nicht so klargemacht. Die sicher auch verständliche Angst vor einer endgültigen Entscheidung brachte ihn aus dem Gleichgewicht. Das Fremdgehen war somit ein irrationales Ausagieren dieser Angst – allerdings mit einer zerstörerischen Komponente. Denn immerhin hatte seine Frau erst einmal keine Lust mehr, die Ehe fortzuführen. In der Beratung musste zunächst geprüft werden, ob sein Handeln grundsätzlichere Gründe hat. Und dann war zu erarbeiten, wie sie in sicher auch künftig auftauchenden Krisensituationen einzeln und gemeinsam reagieren, um die Partnerschaft nicht unnötig aufs Spiel zu setzen und stattdessen daran zu wachsen.

Im zweiten Fall ließ sich das wiederholte Fremdgehen der Frau als Versuch deuten, die bestehenden Probleme der Partnerschaft ans Licht zu holen. Ihr Mann hatte die Schwierigkeiten immer wieder bagatellisiert, so dass sie das Gefühl hatte, bei ihm nicht anzukommen. Sicher ist in so einer Situation Fremdgehen keine Lösung. Aber es ist zumindest ein Tun, das den Partner endlich zum Handeln bewegt. Er kann sich trennen oder sie arbeiten gemeinsam an ihren Schwierigkeiten. Ein weiter wie bisher gibt es jedenfalls nicht. In diesem Sinne sehe ich Fremdgehen sogar als Zeichen von Lebendigkeit, das allerdings nur dann sinnvoll ist, wenn es verstanden wird und die richtigen Schlüsse gezogen werden.

# Gründe, die gegen eine Paarberatung sprechen

Ich hatte mich dafür ausgesprochen, bei Schwierigkeiten in der Partnerschaft unbedingt eine Paarberatung aufzusuchen. Das ist richtig, gilt aber nicht immer. Es gibt auch Situationen, die dagegensprechen. Das kann daran liegen, dass eine Paarberatung bei dem speziellen Problem nicht angezeigt ist, dass eine Tatsache sie unmöglich macht oder dass es schlicht zu spät ist.

## Eine Außenbeziehung

An erster Stelle ist die Existenz einer Außenbeziehung zu nennen. Sie macht eine Paarberatung faktisch unmöglich. Wir beenden die Beratung beziehungsweise beginnen sie erst gar nicht, wenn einer von beiden, die zu uns in die Paarberatung kommen, angibt, eine Geliebte oder einen Geliebten zu haben. Häufig reagieren die Paare mit Unverständnis. Manchmal sind sie ja gerade wegen der Außenbeziehung zu uns gekommen. Sie wollen ihre Partnerschaft retten. Dagegen ist auch nichts einzuwenden. Aber dann muss die bestehende Außenbeziehung erst einmal beendet werden. Es geht nur eines: Entweder die Außenbeziehung weiterführen oder die Partnerschaft retten.

Hier geht es nicht um Moral. Es kann passieren, sich in einen anderen Menschen zu verlieben, und das hat meist mit den Problemen in der bestehenden Partnerschaft zu tun. Wie beim Fremdgehen der Frau im vorangehenden

Abschnitt kann sich darin der Versuch äußern, das eigene Leben wieder ›gerade zu rücken‹. Das ist durchaus zu verstehen und es ist möglich, dass mit dem Verlieben sowohl dem eigenen Partner Druck gemacht als auch die Beendigung der bestehenden Partnerschaft eingeläutet werden soll. Für beides ist eine Paarberatung eigentlich sehr gut geeignet. Aber die Rettung der Partnerschaft kann nicht gelingen, wenn zugleich die Außenbeziehung bestehen bleibt.

Der Grund liegt in den notwendigen Veränderungsschritten, die das Paar gehen muss. Die sind alles andere als einfach. Wenn sie problemlos möglich wären, wäre das Paar sie längst gegangen. Eine Außenbeziehung bietet aber immer die Möglichkeit, den Schwierigkeiten der eigenen Schritte auszuweichen. Warum soll der beschwerliche Weg gegangen werden, wenn es möglich ist, sich durch ein Treffen, ein Telefonat oder eine SMS mit der Außenbeziehung ein schönes, leichteres Gefühl zu verschaffen? Es braucht also die Entscheidung desjenigen, der die Außenbeziehung hat, ob er grundsätzlich bereit ist, sich auf den beschwerlichen Weg einzulassen oder sein Heil erst einmal in der neuen Beziehung zu suchen.

Dabei ist mit einer Außenbeziehung nicht unbedingt eine sexuelle gemeint. Es gibt immer wieder Verliebtheitszustände, die sich auf der Ebene »ganz toller Gespräche« bewegen. »Endlich ist da jemand, der mich versteht.«, ist eine häufig vorkommende Aussage. Welche Chance hat dann aber der Partner, der nicht den Luxus exklusiver Begegnungen jenseits der Niederungen des Alltags hat? Es wäre ein ungleicher Kampf. Daher macht eine Paarberatung in dieser Konstellation keinen Sinn und die Berater würden sich nur unnötig abmühen.

*Ein Paar kommt schon länger in die Beratung. Zunächst ma-
chen sie gute Fortschritte und setzen die gewonnenen Er-
kenntnisse zu einem besseren Miteinander um. Doch dann
wird es spürbar zäher. In einer Beratungsstunde beschwert
sich die Frau darüber, dass es nicht mehr richtig weitergeht.
Vor allem die schon von Beginn an rudimentäre Sexualität
der beiden würde nicht besser. Alles, was wir besprochen und
vereinbart haben, nütze nichts. Sie hätte weiterhin keine Lust.*

*Vor der nächsten Stunde ruft der Mann an und sagt die
Beratung ab. Seine Frau hat sich von ihm getrennt und ihm
zudem mitgeteilt, dass sie bereits seit einem halben Jahr einen
Geliebten hat.*

Über die Hintergründe, warum die Frau kapitulierte und
aus ihrer Ehe ausgestiegen ist, konnten wir nichts erfahren,
da sie keine Beratung mehr wollte. Für uns zeigte sich jedoch im Nachhinein, warum die Beratung ins Stocken ge-
riet. Ihre Klage über das Sexleben hatte dann wohl die
Absicht, ihre Trennung vorzubereiten.

## Wenn es nicht um die Partnerschaft geht

*Ein Paar hat gemeinsam mit einem Freund des Mannes vor
Jahren eine Firma gegründet. Sie läuft auch ganz gut. Aber
zunehmend schleichen sich Unstimmigkeiten mit dem dritten
Teilhaber ein. Beide sind sich einig, dass er nicht verlässlich
genug ist und dadurch die Firma gefährdet. Uneins sind sie
allerdings, wie sie darauf reagieren sollen. Während der
Mann Hemmungen hat, seinen Freund zu konfrontieren,
drängt die Frau auf eine offene Klärung der Probleme.*

Die unterschiedliche Haltung der beiden führte immer wieder zum Streit. Deswegen kamen sie in die Paarberatung. Aber das Problem liegt nicht auf der Paarebene, sondern betrifft die Firma. Es bräuchte eine Supervision der Firmenleitung.

Natürlich können solche Probleme auf die Partnerschaft überspringen, zumal sie beide in der Verantwortung stehen. Deswegen war es gut, dass sie zunächst eine Paarberatung aufgesucht haben. Allerdings ging es dort nicht um die Beseitigung von Partnerschaftsproblemen, sondern um die Mahnung, mit Firmenproblemen nicht die Partnerschaft zu strapazieren. Die Konstellation, als Paar eine Firma zu leiten, an der auch noch ein Dritter beteiligt ist, kann durchaus gefährlich sein. Deswegen ist es wichtig, klare Strukturen in der Firma zu entwickeln. Dazu gehört nach meiner Einschätzung auch regelmäßige Supervision. Eine Paarberatung wird jedoch erst dann notwendig, wenn die Firmenprobleme die Partnerschaft belasten oder wenn sich Partnerschaftsprobleme auf die Arbeit auswirken. Das aber war bei diesem Paar bis zu diesem Zeitpunkt nicht der Fall. Die zunehmenden Streitigkeiten zeigen jedoch, dass die Gefahr durchaus bestand.

Das Beispiel macht deutlich, dass Paare nicht nur für sich stehen, sondern in ein Beziehungsgeflecht eingebettet sind. Das ist eine Binsenweisheit, die aber immer wieder auch beachtet werden muss. Betrifft das eigentliche Problem die Familie, die Arbeit, Freundschaften? Dann liegt die Klärungsnotwendigkeit in diesen Bereichen. Paarberatung sollte die eigenen Grenzen kennen und nicht alles auf das Paar beziehen. Aber dennoch ist es für das Paar wichtig, die Gefahren anderer Beziehungen und Situationen für die Partnerschaft zu beachten und vorsichtig zu sein.

# Wenn die eigenen Anteile nicht gesehen werden

Eine Paarberatung macht natürlich auch keinen Sinn, wenn einer oder beide Angst vor dem haben, was dabei herauskommen könnte.

*Ein Paar, das schon recht lange zusammen ist, kommt zu uns in die Beratung. Sie beschwert sich viel über ihren Mann. »Jedes Gespräch endet mit einer Belehrung durch ihn.« Der Mann macht einen ähnlich verzweifelten Eindruck, versucht aber, irgendwie ein Verständnis für ihre beiderseitige Situation zu bekommen. »Ich bin mehr kopfgesteuert, meine Frau ist eher der Gefühlstyp. Das passt dann oft nicht so zusammen.« Als wir darauf hinweisen, dass es darauf ankommt, die eigenen Anteile am Konflikt zu erkennen, reagiert die Frau mit spürbarer Ablehnung. »Ich möchte mir noch einmal überlegen, ob ich die Paarberatung möchte.«, sagte sie beim Abschied.*

Bei der Frau war wieder einmal in besonderer Weise zu beobachten, dass vor allem die Probleme des anderen gesehen werden. Das ist bei Paarkonflikten die Regel. Ich sage gern: »Wenn ich einen Menschen nach seinen Fehlern frage, dann bekomme ich nicht unbedingt eine vollständige und wahrhaftige Antwort. Frage ich jedoch seinen Partner, sind die Antworten meist fundiert und wahrheitsgetreu.« Das liegt daran, dass wir uns nahe Menschen zumeist sehr gut kennen und uns mit ihren Fehlern auseinandersetzen. Diesen klaren Blick hat man sich selbst gegenüber eher selten – zumal einem auch alle Entschuldigungen für das eigene Verhalten einfallen.

Bei der Frau war dies besonders auffällig. Sie machte einen sehr verzweifelten Eindruck und ich glaube auch, dass ihre Schilderung des Verhaltens ihres Mannes der Wahrheit entsprach. Allerdings wollte sie auf keinen Fall ihren eigenen Anteil an der Situation sehen. Sie gab uns zu verstehen, dass sie allein ihren Mann als das Problem sieht. So verständlich diese Haltung sein mag – und zahlreiche moderne Filme im Kino und im Fernsehen vermitteln diese gleichermaßen einseitige wie schlichte Sicht auf das menschliche Miteinander – so wenig entspricht sie der Realität.

Einseitige Schuldzuweisungen helfen dem Paar auch nicht, sich aus der Krise herauszubewegen. Wenn wir der Frau recht gegeben hätten, wäre sie vielleicht siegesgewiss aus der Beratung herausgegangen. Aber eine Besserung der Partnerschaft hätte es nicht gegeben. Partnerschaft ist immer eine Win-Win- oder eine Lose-Lose-Situation. Paarberatung funktioniert nicht, wenn sich nicht beide gleichermaßen hinterfragen. Wer das nicht möchte, muss entweder in der alten Partnerschaft weiter leiden oder sich trennen. Wir wissen nicht, für welchen der beiden Wege sich die Frau entschieden hat. Das Paar hat sich nicht mehr gemeldet.

## Es kann zu spät sein

*Das Paar ist seit fast zehn Jahren verheiratet. Sie haben zwei Kinder, 10 und 7 Jahre alt. Noch ehe die Frau, die um die Paarberatung gebeten hat, beginnen kann, sagte der Mann, dass er sich schon vor einiger Zeit entschieden hat. Er möchte sich trennen. Sie streiten sich einfach zu viel. Er empfindet nichts mehr für seine Frau. Sie sind nur noch ein »Team«.*

*Ein anderes Paar: Beide kommen getrennt zur Beratung. Die Frau macht einen genervten Eindruck. Sie hat herausbekommen, dass der Mann eine Außenbeziehung hatte. Die hätte er zwar jetzt beendet. Aber das war auch schon einmal vor fünf Jahren geschehen. Damals haben sie sich intensiv mit ihren Problemen auseinandergesetzt und sich geschworen, künftig gemeinsam an auftretenden Schwierigkeiten zu arbeiten. Das schien auch gut zu klappen. Als sie dann aber vor einem halben Jahr bei einer Kur war, hat er doch wieder eine neue Beziehung angefangen. Jetzt hat sie davon erfahren und will die Beziehung nicht mehr. In die Paarberatung ist sie nur aufgrund seines Drängens gekommen. Aber eigentlich ist sie entschieden.*

Gewiss, es ließe sich bei beiden Paaren einiges gegen eine Trennung einwenden. Was hat zu der Entfremdung des ersten Paares geführt? Warum ist der Mann beim zweiten Paar wieder fremdgegangen? Was ist da mit ihm los und was mit dem Paar? Von außen betrachtet gibt es immer Wege und meist sogar Chancen in der aktuellen Situation. Immerhin kennen sich beide Paare schon seit Jahren. Mit jedem neuen Partner muss von vorn begonnen werden und es gibt keine Garantie, dass es dann besser funktioniert. Im Gegenteil. Ich kenne mehr Paare, die nach einiger Zeit vor einer ähnlichen Situation standen, die sie zuvor in eine Trennung gebracht hat, als Paare, deren nachfolgende Partnerschaften wirklich eindeutig besser waren. Und dennoch: Eine Paarberatung macht keinen Sinn, wenn einer definitiv nicht mehr will. Da können wir beim besten Willen nichts tun.

# Mit Paarberatung zu einem guten Miteinander

## Was eine gute Partnerschaft ausmacht

In einer Berliner U-Bahn las ich die folgende Reklame einer Goldankauffirma:

*»Es ist aus! Endlich wieder Single!*
*Die hässliche Goldkette wird jetzt verkauft und dann gönn'*
*ich mir was wirklich Schönes.«*

Werbung möchte immer das Gefühl möglichst vieler Menschen ansprechen, um sie auf das eigene Produkt aufmerksam zu machen. Daher ist sie oft ein treffender Ausdruck des Zeitgeistes. Wenn ich diese Erkenntnis ernst nehme, dann ist es nach dieser Reklame schön, ein Single zu sein. Die Geschichte, die diese kurzen Sätze vermitteln, lautet: »In der letzten Partnerschaft wurde mir etwas geschenkt, was völlig an meinem Geschmack und meinen Bedürfnissen vorbeiging. Und dann war ich auch noch genötigt, dieses Geschenk zu behalten, vielleicht sogar, es zu tragen. Gott sei Dank bin ich jetzt wieder frei von solchen Zwängen. Singlesein ist doch schöner.«

Ganz so einfach ist es aber nicht. Zwar nehmen die Singlehaushalte in unserem Land immer mehr zu. Dennoch zeigen zahlreiche Untersuchungen, dass Singles keinesfalls glücklicher sind. Im Gegenteil. Die allermeisten Menschen sehnen sich nach einer Partnerschaft. Mag sein, dass manche mit ihrem Alleinleben zufrieden sind. Mag auch sein, dass viele froh sind, nach einer unglücklich verlaufenen Partnerschaft endlich den Schritt in die Trennung gegangen zu sein. Aber das Bedürfnis nach einer vertrauten und innigen Beziehung ist dennoch bei der übergroßen Mehrheit auch in der heutigen Zeit noch vorhanden und eine wichtige Triebfeder der Lebensgestaltung. Die Suche nach einer nahen, intimen Beziehung scheint zu den Wesensmerkmalen menschlichen Lebens zu gehören.

Nach dem, was ich in diesem Buch geschildert habe, lässt sich aber noch eine zweite Antwort auf die Werbegeschichte geben: Die Person macht deutlich, dass sie nicht wirklich weiß, wie Partnerschaft geht. Es ist eben nicht der andere, der in der Partnerschaft – zum Beispiel durch das falsche Geschenk – versagt hat. Es ist sie selbst, die es nicht geschafft hat, eine gute und ehrliche Beziehung zu entwickeln. Sie wälzt die Verantwortung immer noch zu sehr auf den Partner ab. Es gilt also, selbst Verantwortung zu übernehmen und in erster Linie auf sich und nicht auf das Gegenüber zu schauen, wenn es um eine bessere Gestaltung des Miteinanders geht.

Neben der unbedingten Übernahme der Verantwortung für das eigene Leben, ist die zweite Voraussetzung für eine gelingende Partnerschaft, von zu hohen Erwartungen zu lassen. Auch das sollte in dem bisher Dargestellten deutlich geworden sein. Partnerschaft ist eine ziemlich nüchterne Angelegenheit. Im Grunde geht es darum, sich wohlwollend zu begegnen und in dieser Atmosphäre seinen Alltag und das Miteinander zu gestalten. Wenn das gelingt, ist die wesentliche Grundlage für eine gute Beziehung geschaffen. Das Wohlwollen ist jedoch nichts, was sich der Partner erst einmal verdienen muss. Es geht um die eigene Haltung!

In der Fachliteratur zu Partnerschaft wird gern davon gesprochen, dass das Verhältnis von positiver Resonanz und Kritik gegenüber dem Partner fünf zu eins betragen sollte, damit sich das Miteinander wirklich gut gestaltet. Das bedeutet, dass Sie fünf Mal etwas Positives sagen, ehe Sie einmal Kritik an seinem Verhalten äußern. Positiv ist ein Lob, ein freundliches Wort zu seiner Person, eine Aufmerksamkeit.

Wenn wir das in der Beratung ansprechen, sind die meisten Paare sprachlos. Sie wissen gar nicht, wie sie so viel Positives in der Beziehung entdecken können. Kritisches fällt ihnen dagegen sehr viel schneller ein. Der Grund für die Ratlosigkeit ist jedoch nicht, dass es so wenig Gutes in der Partnerschaft gibt. Es wird nur zumeist als selbstverständlich hingenommen.

In einem Urlaub vor ein paar Jahren wollte ich es ausprobieren und bewusst erst dann etwas Kritisches zu meiner Frau sagen, wenn ich ihr zuvor mindestens fünfmal etwas Nettes gesagt habe. Das fühlte sich am Anfang natürlich etwas ungewohnt an, ging aber doch leichter als gedacht. Das überraschendste Ergebnis jedoch war, dass ich schließlich bei einem Verhältnis von mindestens zwanzig zu eins ankam. So viel mehr tat mir meine Frau Gutes im Verhältnis zu dem, über das ich mich ärgern könnte. Das ist das gar nicht so geheime Geheimnis einer guten Partnerschaft: Dass beide sich guttun und dies auch gegenseitig würdigen. Es ist das Wohlwollen, auf das es ankommt.

Einen weiteren Punkt hatte ich in meinen bisherigen Ausführungen auch schon erwähnt: Der Partner sollte die wichtigste Person sein. Er ist der Mensch, für den Sie sich entschieden haben. Und die Wahl wird seine Gründe haben. Es kann durchaus sein, dass die Gründe nicht immer so bewusst sind. Doch Zufall ist eine Partnerwahl jedenfalls nicht. Daher ist die Tatsache, diesen einen Menschen wirklich wichtig zu nehmen und die Beziehung zu ihm als Fixpunkt im eigenen Leben zu betrachten, normal und richtig.

Natürlich kommt es immer wieder vor, dass dem nicht so ist. Kinder können wichtiger erscheinen, die Eltern oder Freunde. Ich hatte dies im Zusammenhang mit Patchworkkonstellationen bereits angesprochen. Es kann notwendig sein, in einer bestimmten Lebenssituation andere Prioritäten zu setzen. Schulden, beruflicher Druck und anderes mehr können sich vor die Partnerschaft schieben. Zeitliche, räumliche und andere Grenzen werden deutlich. Aber dann sollten Sie sich diese Wahrheit eingestehen und die Begrenzungen, die daraus erwachsen, auch akzeptieren. Auch wenn es dann vielleicht nicht das ist, was Sie sich unter einer Partnerschaft vorstellen. Wenn allerdings die Bereitschaft von einem von beiden nicht vorhanden ist, sich mit den Gegebenheiten zu arrangieren, hat das Miteinander keine Chance. Aber selbst das muss akzeptiert werden. Vorwürfe sind nicht angebracht.

Überhaupt ist es wichtig, eine partnerschaftliche Beziehung möglichst nüchtern anzusehen und anzugehen. Die häufig anzutreffenden Sehnsüchte, die Partnerschaft möge die eigenen seelischen Wunden heilen, vergiften eher das Miteinander und lassen die Partner frustriert zurück. Dagegen ist eine nüchterne Betrachtung viel besser und lässt entgegen aller anfänglichen Erwartungen gerade das Gefühl von Verbundenheit und Liebe wachsen.

Ich möchte das am Beispiel von Sexualität erläutern: Viele Paare sehen Sexualität als die höchste Form der Liebe in der Partnerschaft. Deswegen soll sie sich spontan ergeben. Das aber ist an Momente partnerschaftlicher Harmonie geknüpft. Doch wie oft ist eine Partnerschaft so harmonisch, dass beide gleichermaßen im Klang der Himmelsgeigen darniedersinken? Im Alltag sind sie oft auf getrennten Booten unterwegs, die Zeit ist knapp und die Stimmungen unterschiedlich. Im Normalfall besteht kein Gleichklang. Momente der Harmonie und damit auch des Sexes, »der sich einfach so ergibt«, werden mit zunehmender Dauer der Partnerschaft immer seltener. Frustration schleicht sich ein und die Frage des Sexes wird nicht selten zum Kampfplatz partnerschaftlicher Auseinandersetzungen.

Betrachten wir Sexualität jedoch einmal nüchtern, dann lässt sie sich in zwei ›Bereiche‹ unterteilen. Da ist als erstes der Trieb und der will befriedigt werden. Hier gibt es nach meinen Erfahrungen Unterschiede zwischen Männern und Frauen, die in der Biologie ihre Ursache haben. Männer sind insgesamt – also statistisch gesehen – triebgesteuerter als Frauen. Dennoch gilt für beide Geschlechter, dass die Triebspannung immer mal wieder entladen werden muss. Das hat zunächst nichts mit Beziehung, schon gar nichts mit einer Partnerschaft zu tun. Der Trieb lässt sich an sich auf vielfältige Weise und mit zahlreichen Menschen befriedigen.

Zum partnerschaftlichen Miteinander wird Sexualität erst durch den zweiten ›Bereich‹. Er ist als Bestätigung, quasi als Vollzug der Partnerschaft zu sehen. Sexualität in der Partnerschaft schafft Verbindung, sie stärkt das Gefühl der Zusammengehörigkeit und des Miteinanders. Das ist aber nicht als Lohn für gutes Verhalten zu sehen, sondern gerade als Herstellen des Miteinanders. In diesem Sinn lässt sich Sexualität als ein Ritual verstehen, das die Partnerschaft immer wieder erneuert und festigt. Nüchtern betrachtet ist damit Harmonie nicht die Voraussetzung für Sexualität, sondern es ist umgekehrt. Sexualität ist Voraussetzung für partnerschaftliche Harmonie. Deswegen kann es nicht gelingen, erst einmal wieder mehr Harmonie herzustellen, damit dann auch wieder Sexualität stattfindet.

Natürlich ist zunächst ein gewisses Maß an Miteinander notwendig. Wenn die Partnerschaft so zerrüttet ist, dass sich einer oder beide überhaupt nicht mehr vorstellen können, mit dem anderen zu schlafen, lässt sich das auch nicht erzwingen. Aber dann steht auch die Frage einer Trennung im Raum. Wenn das Paar jedoch noch nicht tief entzweit ist und nur der Alltag hakt und beschwerlich ist, sollte unbedingt die Sexualität belebt werden – und sei es erst einmal nur über die bewusste Entscheidung. Das hilft wirklich und vermag, wenn sich beide darauf einlassen *wollen*, eine deutliche Belebung der Gefühle.

Wenn Sie also eine gute Partnerschaft anstreben, dann sollten Sie diese drei Punkte umsetzen: Dem Partner grundsätzlich wohlwollend begegnen, ihn als wichtigsten Menschen in Ihrem Leben ansehen und regelmäßig Sex mit ihm haben.

Und auf einen Punkt kommt es auch noch an: Sehen Sie in ihm den anderen Menschen, der nicht unbedingt fühlt, denkt und handelt wie Sie es gewohnt sind beziehungsweise wie Sie es sich wünschen. Den Partner auch noch nach Jahren als einen fremden Menschen zu sehen und über ihn zu staunen, bewahrt vor zu viel Selbstverständlichkeit in der Beziehung. Ich sagte es bereits: Wenn Sie glauben, über Ihren Partner alles zu wissen, schauen Sie nicht mehr richtig hin.

Darüber hinaus sollten Sie regelmäßig miteinander sprechen, sich Zeit füreinander nehmen und sich in den kleinen Punkten des Alltags Ihrem Partner zuwenden. Auch wenn das Geben und Nehmen insgesamt in einer Partnerschaft ausgeglichen sein soll, hilft es nicht, immer wieder zu fragen, ob der andere auch auf Heller und Pfennig zurückgibt, was Sie ihm gerade geben.

## Und wie Paarberatung dabei hilft

Wie sich eine Paarberatung im Einzelnen gestaltet, lässt sich nicht pauschal sagen. Das hängt auf der einen Seite vom Paar ab, das Hilfe sucht. Auf der anderen Seite aber auch vom Berater beziehungsweise den Beratern. Sie haben ein bestimmtes Konzept erlernt und mit den Jahren modifiziert. Und sie haben zudem ihre persönlichen Eigenheiten. In diesem Sinne gilt immer, dass nicht jeder Berater für jeden Ratsuchenden in gleicher Weise geeignet ist. Sie sollten daher prüfen, ob Sie genug Vertrauen in ihn haben. Aber auch er muss das tun. Er trägt ebenso die Verantwortung, seine Grenzen zu kennen und das hilfesuchende Paar einzuschätzen. Es lässt sich somit kein für alle Beratungsangebote gültiges Schema darstellen. Daher möchte ich im Folgenden nur auf einige Punkte hinweisen, die für Paarberatungen allgemein gelten. Denn jenseits aller Methodik gibt es entscheidende Wirkmächte.

Da ist zum einen die schlichte Tatsache, dass sich ein Paar einem außenstehenden Menschen öffnet und damit aus dem eigenen Umsichkreisen heraustritt. Sie kennen das sicher: Sie haben ein Problem und zerbrechen sich den Kopf, wie die richtige Lösung aussieht. Was Sie auch denken, Sie finden keinen Weg aus dem Kreislauf der Gedanken heraus. Und dann erzählen Sie jemandem von dem Problem und bereits beim Sprechen fällt Ihnen plötzlich die Lösung ein. Das heißt, dass schon die Anwesenheit eines Zuhörers hilfreich ist. Das Grübeln findet schneller ein Ende. Für ein Paar, dass sich immer wieder streitet und keinen Weg aus den Konflikten herausfindet, ist ein Gegenüber daher sehr wichtig. Das müssen nicht immer und unbedingt professionelle Berater sein. Auch Freunde oder andere Vertrauenspersonen können durchaus helfen.

Es besteht jedoch eine grundsätzliche Gefahr, auf die ich aufmerksam machen möchte. Denn es ist unbedingt notwendig, dass die Berater erst einmal unvoreingenommen und unparteiisch sind. Das bedeutet nicht, dass es keine Kritik an einem oder beiden Ratsuchenden geben kann. Aber es braucht zunächst immer die Offenheit für beide Partner, egal, welches Geschlecht, Nationalität, Größe, Gewicht und so weiter sie haben. Es gibt nach meiner Überzeugung nur eine Gruppe, die die uneingeschränkte Partei der Berater verdient: die Kinder. Aber in einer erwachsenen Partnerschaft darf keiner Seite per se ein Bonus gegeben werden.

Bei einer parteiischen Haltung der Berater besteht nicht nur die Gefahr von Ungerechtigkeit. Es wird auch die Entwicklung desjenigen blockiert, für den Partei ergriffen wird. Das eigene Entwicklungspotenzial kann nur dann abgerufen werden, wenn die eigene Verantwortung für das

Geschehen wirklich angesehen und angenommen wird – je umfassender, desto besser. Wenn sich Freunde oder Familien dem Paar zuwenden, sind sie jedoch selten wirklich unparteiisch. Sie kennen die Ratsuchenden schon länger und haben sich oft eine Meinung gebildet. Daher ist in jedem Fall zu fragen, welche Interessen sie verfolgen und wie unparteiisch sie wirklich sein können? Profis sind hier sicher unverdächtiger – auch wenn es selbst bei ihnen keine Garantie für Unparteilichkeit gibt.

Was zudem von professionellen Beratern zu erwarten ist, ist die Auseinandersetzung mit dem eigenen Partnerschaftsleben und mit den eigenen Persönlichkeitsprägungen. Darauf haben Sie ein Recht, wenn Sie ihre Hilfe in Anspruch nehmen! Denn der wirkmächtigste Faktor in einer Paarberatung – wie in jeder Beratung und Therapie – ist die Persönlichkeit des Beratenden. Wie überzeugend ist er? Wie ehrlich, wie echt in seinen Rückmeldungen? Weiß er, wovon er spricht? Weiß er es wirklich? Das sind die Fragen, die die Paare dem Berater oder auch dem beratenden Paar abspüren. Und das Empfinden, das daraus entsteht, entscheidet über die Qualität des Arbeitsbündnisses im weiteren Beratungsverlauf.

Die Faktoren auf Seiten der Ratsuchenden sind jedoch ebenso wichtig. Die entscheidende Frage lautet: Sind beide Partner gleichermaßen bereit, sich jeweils selbst anfragen zu lassen? Auf diese Frage geben zunächst alle die Antwort »Ja«. Ob das aber stimmt, stellt sich immer erst in den folgenden Beratungsstunden heraus. Denn wer weiß schon, was da auf einen zukommt? Es sind oft unangenehme Wahrheiten, die auftauchen. Da ist es immer leichter, die Fehler des anderen zu sehen. Es braucht also einen ›heiligen Ernst‹, ein Projekt wie eine Paarberatung in Angriff zu nehmen.

Es gibt von Seiten des hilfesuchenden Paares zwei wichtige Voraussetzungen, damit eine Paarberatung erfolgreich verlaufen kann. Sie stehen jedoch im Gegensatz zueinander. Zum einen gilt: je früher, desto besser. Es ist wirklich wichtig, dass sich noch nicht so viele Kieselsteine angesammelt haben. Der Berg muss noch abtragbar, das Wohlwollen der beiden noch vorhanden sein. Es ist immer schlimm zu erleben, wie sich bei Paaren über Jahre die Probleme angehäuft haben, so dass vor allem Verbitterung und Resignation übrigbleiben. Dieser Zustand lässt sich kaum beheben. Und man fragt sich unweigerlich, warum sie so lange gewartet haben, ehe sie sich Hilfe suchten. Das zu lange Warten ist vielleicht der entscheidende Grund, warum die Prognose für Paarberatung in der Fachliteratur nicht sehr hoch eingeschätzt wird.

Diesem Befund oder Appell – je nachdem, wie Sie es sehen wollen – steht jedoch ein anderer Fakt entgegen: Die negative Entwicklung des Miteinanders muss für die Beteiligten unmittelbar spürbar sein. Es braucht in den meisten Fällen erst eine gewisse Verfahrenheit der Situation, damit der feste Wille zur Veränderung der Partnerschaft überhaupt entsteht. Sonst glauben die Betroffenen immer noch, es werde schon irgendwie gehen und sich einfach so bessern.

Um sich auf den manches Mal unangenehmen Weg zur eigenen Wahrheit zu begeben, braucht es einen gewissen Leidensdruck. Besser ist natürlich, wenn Sie bereit sind, bereits die kleinen Probleme wahrzunehmen, so dass die Kieselsteine nicht erst zu einem Steinhaufen anwachsen. Zugleich aber müssen Sie prüfen, ob es Ihnen wirklich wert ist, die Mühe einer Paarberatung auf sich zu nehmen. Ein leichter Weg ist das jedenfalls nicht.

Vielleicht haben Sie sich schon gefragt, warum ich in diesem Buch von »Paarberatung« und nicht von »Paartherapie« schreibe. Oft werden diese Begriffe synonym verwendet. Das ist aber weder formell noch inhaltlich richtig. Formell ist Psychotherapie ein Heilverfahren, das von Krankenkassen bezahlt wird. Das liegt daran, dass einer psychotherapeutischen Behandlung ein eindeutig definiertes Krankheitsbild zugrunde liegt, das mit diagnostischen Mitteln festzustellen ist. Paartherapie gibt es in diesem Sinne nicht und wird auch nicht von den Krankenkassen gezahlt. Natürlich können wir sagen, dass ein Paar ›krank‹ ist. Aber damit meinen wir immer den Umgang der beiden Partner miteinander. Im diagnostischen Sinn könnten demnach die beiden, also jeder für sich genommen, krank sein und unter einer psychischen Störung leiden. Die »Krankheit des Paares« aber ist immer ein Symptom der Krankheit der Einzelnen, nie die Krankheit selbst. Eine Partnerschaft kann gut, sie kann schlecht sein, die Beteiligten können sich glücklich fühlen oder in der Partnerschaft leiden. Aber dann ist es nicht die Partnerschaft an sich, die schlecht ist, sondern das Verhalten der Akteure.

Wichtig ist diese Differenzierung, weil eine Partnerschaft für sich genommen eine wirklich einfache Sache ist. Ich hatte das in meinem Buch »Partnerschaft ist einfach« dargestellt. Es geht um gegenseitige Lebenserleichterung, es geht um guten Sex, es geht um das Füreinander-da-Sein, es geht um berührende Momente. Um mehr geht es in einer Partnerschaft eigentlich nicht. Wenn es aber dennoch nicht gelingt, diese einfachen Punkte des Miteinanders umzusetzen, dann liegt das nicht daran, dass das Konzept »Partnerschaft« falsch ist. Es liegt an den Beteiligten. Demnach kann die Arbeit mit dem hilfesuchenden Paar eigentlich nur bedeuten, die vier Punkte, die eine gute Partnerschaft ausmachen, zu entwickeln. Das ist dann keine Heilung der Partnerschaft im Sinne einer Paar*therapie*. Es ist die Unterstützung des Paares auf ihrem Weg zu einem besseren Verhalten zueinander, also Paar*beratung*. Natürlich klingt »Paartherapie« umfassender, kompetenter, grundsätzlicher. Aber das ist auch ein wenig Etikettenschwindel. Es wird insgeheim mehr versprochen, als möglich ist.

Dennoch sind Therapie und Beratung nicht völlig voneinander getrennt. Paarberatung hat zwar das partnerschaftliche Leben im Blick, aber um das gut gestalten zu können, braucht es das Verständnis für den Einzelnen.

Die Hauptschwierigkeit bei der Lösung von Partnerschaftsproblemen besteht darin, dass das Paar die Probleme zu sehr aufeinander bezieht und zu wenig in der Eigenverantwortung des Einzelnen sieht. Es ist daher unbedingt notwendig, dass Paarberatung mit Differenzierungsarbeit beginnt. Die Partner müssen – bildlich gesprochen – erst einmal auseinanderrücken, und zwar so weit, dass jeder vor allem sich selbst in den Blick nimmt. Wir nennen das »horizontale Differenzierung«, also die getrennte Betrachtung der beiden Akteure. Dabei ist jeder für sich gefragt, ein Verständnis für die jeweils *eigene* Art und Weise zu entwickeln, mit der er in die Partnerschaft geht und sie gestaltet.

Ich hatte beschrieben, dass das vor allem mit der Kindheitsgeschichte zusammenhängt. Und so arbeiten wir immer auch an einem Verständnis für das eigene Gewordensein. Ziel ist hier das, was wir als »vertikale Differenzierung« bezeichnen. Es geht um die Unterscheidung der Empfindungen, Verletzungen und Sehnsüchte, die in der Kindheit erlebt und von da mitgebracht wurden, von dem, was in der erwachsenen Partnerschaft wirklich geschieht. Das ist der schwierigste Teil der Paarberatung, da es sich für jeden Beteiligten ja immer so anfühlt, als würden die Empfindungen und Verletzungen vor allem durch den Partner ausgelöst.

Wir arbeiten in dieser Phase oft mit dem Einzelnen, also nicht an der Partnerschaft selbst. Dennoch ist es wertvoll, wenn der Partner Zeuge dieses Prozesses ist. Denn einerseits ist er für sich ähnlich betroffen. Und andererseits ist es gut und oftmals berührend, die tiefen Nöte des anderen kennenzulernen. Das kann durchaus weicher füreinander machen.

Manchmal eröffnen sich in diesem Prozess Dimensionen, die den Rahmen von Paarberatung sprengen. Der Einzelne braucht vielleicht mehr Raum für seine Erinnerungsarbeit oder er braucht einen expressiven Ausdruck für seine Empfindungen. Dann kann Psychotherapie wirklich sinnvoll sein. In diesem Fall sprechen wir die Empfehlung aus, sich an einen Therapeuten zu wenden. Dabei kann es auch geschehen, dass der psychotherapeutische Prozess und die Paarberatung eine Zeitlang parallel verlaufen. Das ist in den meisten Fällen kein Problem. Für die Entwicklung der Partnerschaft ist es gut, wenn sie durch die Beschäftigung mit dem eigenen Leben und der eigenen Geschichte entlastet wird.

Der Sinn der Differenzierungsarbeit in der Paarberatung, ob mit oder ohne psychotherapeutische Flankierung, besteht darin, dass das Paar diese neue Sichtweise verinnerlicht und in die eigene partnerschaftliche Lebensweise einbaut. So können sich die beiden als Erwachsene begegnen und in Gemeinsamkeit ihr Miteinander gestalten. Es eröffnet sich das, was Partnerschaft wirklich ausmacht.

Wir arbeiten in der Folge an all den Themen, die den Paaralltag bestimmen: gemeinsame Gespräche, regelmäßiger Sex, gegenseitige Hilfe, sich auseinanderräumen können, die Herzen füreinander öffnen, die unausweichlichen Begrenzungen akzeptieren und so weiter und so fort. Ziel von Paarberatung ist es, dass die Partner freundlich zueinander sind und die unvermeidlichen Fehler des anderen akzeptieren lernen. Wir können auch sagen, dass es darum geht, dass sich das Paar in gegenseitiger Gastfreundschaft begegnet. Wenn das gelingt, lohnt sich die Mühe allemal!

Matthias Stiehler

# Partnerschaft ist einfach
Ein kleines Buch für ein gutes Leben

tredition Ahrensburg 2016
100 Seiten
Paperback    ISBN 978-3-7345-7223-4  €   7,99
Hardcover    ISBN 978-3-7345-7224-1  €  15,99
E-Book       ISBN 978-3-7345-7225-8  €   2,99

KaGeeMEstee Rec
Hörbuch      EAN 4061707526367 CD  €   8,49
             Downloads abweichend

»Und das ist der eigentliche Schmerz einer Partnerschaft:
 Dass man in den Grenzen des anderen die eigenen Grenzen
erkennt.«

»Partnerschaft ist einfach«
… klingt wie eine Provokation. Überall hört man von
Streit, Schwierigkeiten und Trennungen. Dabei muss das
Miteinander gar nicht so kompliziert sein.
Matthias Stiehler beschreibt in verständlicher und nach-
vollziehbarer Weise, wie Frauen und Männer sich das Leben erleichtern können, guten Sex haben und einander
liebevoll begegnen.

www.partnerschaft-ist-einfach.de

Matthias Stiehler

# Partnerschaft ist zweifach
Wie sich Paare finden und was sie zusammenhält

tredition Ahrensburg 2023
156 Seiten
Paperback    ISBN 978-3-347-95879-1
Hardcover    ISBN 978-3-347-95880-7
E-Book       ISBN 978-3-347-95881-4

Matthias Stiehler schildert im dritten Partnerschaftsbuch, wie sich Paare finden und ihr Miteinander gestalten. Seine zentrale Aussage ist, dass beide Partner ein identisches lebensgeschichtliches Grundthema verbindet. Das gilt selbst, wenn sie charakterlich verschieden sind und nicht zusammenzupassen scheinen.

Stiehler beschreibt die Bedeutung frühkindlicher Erfahrungen für die Gestaltung der Partnerschaft und zeigt, dass diese sowohl Ursachen für Alltagsschwierigkeiten und große Krisen sind, als auch das Potenzial zur Reifung in sich tragen. Sein erzählender Stil nimmt den Leser auf eine Entdeckungsreise zu Tiefendimensionen menschlichen Lebens mit und lädt ihn zur Selbstreflexion ein.

www.partnerschaft-ist-zweifach.de
Matthias Stiehler

## Ist Gott noch zu retten?
Woran wir glauben können

tredition Ahrensburg 2016
192 Seiten
Paperback    ISBN 978-3-7345-7434-4
Hardcover    ISBN 978-3-7345-7435-1
E-Book       ISBN 978-3-7345-7436-8

*»Die Erlösung liegt in der Erkenntnis, dass es keine Erlösung gibt.«*

Warum scheitert die menschliche Sehnsucht nach einer gerechten und friedlichen Welt wieder und wieder? Warum gelingt es bestenfalls, Ungerechtigkeit und Leid ein wenig zu verringern, aber nie wirklich zu besiegen? Warum bleibt die Erlösung der Welt seit Jahrtausenden aus, obwohl sie von den Religionen immer wieder versprochen wurde? Matthias Stiehler geht diesen grundlegenden Fragen unserer Existenz nach. Die Antwort findet er in der Entstehung des Christentums — allerdings in überraschender Weise.

Stiehler beschreibt den Abschied von der Illusion auf eine bessere Welt als den sinnvollen Weg auch in unserer Zeit zunehmender Gleichgültigkeit. Er eröffnet damit ein tiefes Verständnis menschlichen Lebens, das für Christen wie Nichtchristen nachvollziehbar ist.

www.ist-gott-noch-zu-retten.de

Matthias Stiehler

# Der Männerversteher
Die neuen Leiden des starken Geschlechts

Verlag C.H. Beck München 2010
221 Seiten / Taschenbuch
ISBN 9783406605987

*»Der Weg ist das Ziel – aber die Richtung muss stimmen.«*

Der Männerforscher Matthias Stiehler setzt sich mit den gesellschaftlichen Vorstellungen und den Selbstbildern von Männern auseinander. Als zentrales Problem der gegenwärtigen Stellung des Mannes in unserer Gesellschaft beschreibt er das Fehlen eines positiven männlichen Selbstverständnisses. Daher entwickelt er einen Weg zu einer positiven Geschlechtsidentität für den Einzelnen, aber auch für die Wahrnehmung von Männern in der Gesellschaft. Das sieht er auch als Grundlage für ein gutes Miteinander von Frauen und Männern. Er fordert Männer auf, dafür Verantwortung zu übernehmen.

www.dermaennerversteher.de

Matthias Stiehler

# Väterlos
Eine Gesellschaft in der Krise

Gütersloher Verlagshaus 2012
192 Seiten / E-Book
Printausgabe nicht mehr lieferbar.

*Vom Mangel an Väterlichkeit und den Konsequenzen für unsere Gesellschaft*

Der Mangel an Väterlichkeit ist ein Problem unserer Gesellschaft. Prinzipienfestigkeit, Begrenzung, Partnerschaftsfähigkeit, Ehrlichkeit und Verantwortung – das sind Werte, die in weiten Teilen unserer Gesellschaft fehlen. Dabei wäre es notwendig, Väterlichkeit als komplementäres Gegenstück zu Mütterlichkeit zu entwickeln, um krisenhaften Entwicklungen wie zu geringe Geburtenzahlen, Schuldenkrise und hilfloser Politik entgegenzuwirken.

Der Männerforscher Matthias Stiehler beschreibt den »unväterlichen Vater« als ein zentrales Merkmal unserer Zeit. Welche Merkmale von Väterlichkeit es stattdessen in den Familien, aber auch in der Gesamtgesellschaft umzusetzen gilt, entwickelt Stiehler in diesem Buch.

www.vaeterlose-gesellschaft.de